# Das Beste von Burgi.

Lach mal wieder, Norddeutscher Humor, Kurzgeschichten und Reime, die Eure Leserwelt bewegen. Erlebnis Mensch, jeder Tag ein neues Erlebnis

Burghard Ehrenberg

## Impressum

Bibliografische Information der Deutschen Nationalbibliothek: Die Deutsche Nationalbibliothek verzeichnet diese Publikation in der Deutschen Nationalbibliografie; detaillierte bibliografische Daten sind im Internet über http://dnb.dnb.de abrufbar.

© 2022 Burghard Ehrenberg (Burgi)

weitere Mitwirkende: Burghard Ehrenberg jr.

Herstellung und Verlag: BoD – Books on Demand, Norderstedt

ISBN: 978-3-7568-1687-3

# Autor

Burghard Ehrenberg (Burgi) ist gelernter Fliesenlegermeister im Ruhestand, okay das bedeutet in seinem Fall eigentlich nur das er jetzt Zeit für seine Leidenschaften hat. Das Malen, Basteln und das Schreiben. Geboren ist er 1947. Er lebt in Oldenburg in Holstein. Hier zog es ihn auch immer wieder hin, in seine Heimat, zu seinem Elternhaus in diesem Lebt er nun auch und dort geht er diesen Hobbys nach. Vor allem das Schreiben hat es ihm angetan, schon immer notierte er sich auf kleinen Zettelchen oder in einem kleinen Büchlein alles was er so an Sonderbarem oder auch „Normalem" erlebte oder was ihm so auffiel. Diese gesammelten Werke fasst er nun zusammen und schreibt sie in seiner humorvollen Art in diesem Buch nieder, als Kurzgeschichten und in kleinen Gedichten. Allerdings sind es nicht nur die alten Geschichten, sondern auch Dinge zum jetzt und hier. Also wundern sie sich nicht, wenn ihnen einige Sachen bekannt vorkommen oder sie sich in diesen wiederfinden.

Viel Spaß beim lesen

Burghard Ehrenberg jr.

# Vorspann

Wer so viele tolle Geschichten in seinem Leben erlebt hat möchte auch seine Leser dazu einladen, diese mit ihm zu teilen. Manch einer wird sich vielleicht auch darin wiederfinden. Die menschlichen Höhen und Tiefen, das Wissen, das Vergessen, das Gute, das Böse, die vielfältige Erlebniswelt der Menschen kennt keine Grenzen. Arbeit, Freizeit, Urlaub, sämtliche Fortbewegungsmittel ausprobieren, Auto, Flugzeug, Eisenbahn, Seilbahn, Schiff, Fahrrad, Moped, Motorrad, Roller, Pferdewagen, Ochsenkarren, Hundeschlitten usw. seinen Fähigkeiten freien Lauf lassen, werkeln, malen, musizieren, angeln oder Ski laufen, bergsteigen oder wandern, campen oder trampen, tanzen oder Theater spielen, essen und trinken, Sport treiben, sparen oder Geld ausgeben, Haus bauen und Familie gründen, leben und sterben, oder jemanden Beerben. In Frieden leben, gesund bleiben und uralt werden.

Ich habe Euch viel Interessantes zu berichten, von vielen selbst erlebten Geschichten in Weisheiten und Sprüchen, Reimen und Gedichten. Man kann es fast nicht glauben, wie viele Menschen sich ihrer Erlebniswelt berauben. Wenn wir nicht Reisen, spazieren gehen, die Wälder durchstreifen, Großstädte bewundern, die Bergwelt bestaunen, oder einmal die Meere befahren, vielleicht einmal mit dem Flugzeug die Welt umrunden und noch vieles mehr. Wir haben genug Platz im Kopf alle Erlebnisse aufzunehmen. Man muss es nur machen und mögen, endlich einmal wieder den Hintern zu bewegen. Doch viele Menschen haben keinen Bock, viel passiert ja zu Hause, vorm Fernseher, am Computer, am Handy oder an der Musikanlage. Manche Leute sind hoffnungslos verschuldet, geben mehr Geld aus als sie verdienen, selbst wenn sie dann einmal in den wohlverdienten Urlaub fahren. Es ist alles nicht einfach, die Menschen nicht, die Welt nicht und die Umstände auch nicht.

# Menschen

Benimm hat manch einer nicht gelernt, aber sich schon manchmal extrem von der Wirklichkeit entfernt. Sogar mal im Zorn "Mord und Zeter" geschrien, erst wenn der Sturm sich gelegt hat, es vorbei ist, kommt die Reue, viel, viel später, dann wird auch der Herrgott eingeladen, um das Böse auszubaden, ist man dann über den Berg, war es natürlich Teufelswerk. So können wir Menschen trotzdem überleben, die Sünden vergeben. Wollen, dürfen wir uns es so einfach machen und vielleicht sogar über die Sünden lachen? Dann steht doch schon die nächste Sünde an, weil Mensch auch vom Teufel nicht lassen kann. Auf beide will der Mensch sich verlassen, einer zum lieben einer zum Hassen, so kauft der Mensch sich mit dieser List immer und findet gar nichts dabei. Sollte man irgendetwas vermissen, vielleicht ein gutes oder schlechtes Gewissen, so etwas besitzt nicht jeder Mensch. Wie groß müsste dann wohl so ein Gewissen sein? Außer man kann es auf der Festplatte löschen, die bösen Taten werden sich durch die Maschen fressen, bei so einem Wesen einfach in Luft auflösen. Nur gute Menschen kommen in dieser Geschichte nicht vor, sonst schießen wir uns noch ein Eigentor. Man spricht hier wohl von irgendwelchen Wesen und Mächten, die Bösen oder Gerechten.

# Laden zu vermieten

Sehr großen Laden zu vermieten, in sehr schlechter Lage, zu sehr überhöhtem Preis auch stundenweise. Mieter müssen viele Einschränkungen in Kauf nehmen. Der Parkplatz darf und kann nicht benutzt werden. Es gibt keine Heizung, keine Toilette, keine Küche, keinen Strom, kein Wasser und kein Telefon. Nur Fernseher und Kühlschrank, Sonne und Mond gibt es gratis. Regenwasser muss extra bestellt und bezahlt werden. Es ist eine Steueroase, es muss alles versteuert werden, so dass kein Geld übrigbleibt. Das Essen ist in den Räumlichkeiten verboten. Die Miete muss für zehn Jahre im Voraus bezahlt werden. Die Kaution beträgt eine Jahresmiete. Falls ihnen dieses unwiderstehliche Angebot zusagt, sie aber trotzdem noch Fragen haben, halten sie sich lieber zurück, sonst werden sie am Ende noch diese heiligen Hallen besitzen. Ihr unausstehliches und unaussprechliches Maklerbüro, nicht zu empfehlen und doch in aller Munde, wir haben schon ganz andere kaputt bekommen und ihnen das letzte Geld weggenommen. Wenn ihnen das alles gefallen hat, sind sie niemals unser Wunschkandidat, fühlen sie sich aber zutiefst betroffen, stehen ihnen bei uns ein bis zwei Türen offen. Falls sie noch schlechtere Läden brauchen, zum Saufen oder Rauchen, vielleicht in der Innenstadt, die viel zu viele Menschen hat, und auch jede Menge Laufkundschaft. Das würden sie niemals denken, diese Läden sind fast zu verschenken, da brauchen sie sich nicht einmal verrenken. Sie brauchen keine Steuern zahlen, das gehört zum guten Ton und oben drein bekommen sie von Staat noch eine saftige Subvention. Bei uns werden sie noch schonungslos verwöhnt, auch wenn man hinterher darüber spöttisch Rum tönt. Wir werden uns bestimmt an ihnen rächen, wenn sie noch Gelegenheit dazu haben können sie ja über uns sprechen. Sie werden lachen, mit solcher Reklame können sie heut zu Tage

Kohle machen. Es ist zwar langwierig aber die Leute sind neugierig. Ihre Sonderwünsche sind uns kein Befehl, sie müssen schon ein paar Jahre warten, bis sie dran sind. Wir haben unzufriedene Kunden genug, wenn sie nicht zu uns kommen, wäre es Betrug, ich glaube mit uns hat es keinen Sinn. Gehen sie lieber woanders hin, sie können ja noch ein paar Jahre überlegen, ob sie uns mögen, nun werden sie bloß nicht noch verlegen.

Geschäft zu vermieten!

Besser: Laden zum Geschäfte machen zu vermieten. Schlechte Gegend in Groß-Ziehten, gammeligen Laden, teuer, kurz und langfristig zu vermieten. Kunden sind nicht zu bieten.

PS: Katastrophen werden sofort erledigt, normale Dinge dauern Jahre.

# Firma Scheißegal

Die Kunden unsere Firma haben nichts zu lachen, wenn unsere Fachkräfte kommen können sie es auch gleich selber machen. Wenn ein Kunde in unseren Laden grient, wird er gar nicht erst bedient. Wird bei uns ein Monteur bestellt, gibt es vorher schon das Geld. Somit haben wir uns vorgenommen gar nicht erst zu kommen. Ein halbes Jahr ist dann bei uns die Dauer. Kein Kunde ist bei uns jemals sauer. Wir suchen uns die Kunden aus, die meisten liegen sowieso im Krankenhaus, der Rest ist auch nicht mehr so jung, da kommen wir prompt dann zur Beerdigung. Der kann es dann nicht mehr erleben, ihm das Geld zurückzugeben. So mancher denkt es ist makaber, nein kundenfreundlich, was soll denn dies Gelaber. Geschäfte machen ist das Ziel. Was hat man als Kaufmann denn gelernt? Wer es gerne nochmal hören mag, mit wenig Aufwand viel Ertrag, und wer es gar nicht glauben mag, ist bei uns immer sehr willkommen, dem wird das Geld schon abgenommen. Beim nächsten Mal seid ihr dann schlauer und schmeißt das Geld einfach bei uns über die Mauer. Wir stellen einen ein, um es aufzuheben, da können wir auch gut von leben. Kann es denn wirklich so etwas geben? Gegeben hat uns diese Kraft, unsere sogenannte Leistungsgesellschaft. Hände und Füße sollen ruhen, denn Geld gibt es auch fürs Nichtstun.

## Die Lustlosigkeit

Die Lustlosigkeit im Volk ist fatal und vielen ist doch alles schon egal. Kein Geld, keine Arbeit, kein Spaß mehr am Leben, der Körper hat seine Kraft schon aufgegeben. Das muss sich bald ändern, sonst ist es zu spät, der ganze Staat dabei ins Schlingern gerät. Wir brauchen die Arbeit, ein geselliges Leben und auch wieder Freude das verdiente auszugeben. Wir brauchen vernünftige Leute die Gesellschaft zu lenken und keine Betonköpfe und kein Altertumsdenken. Modernes denken a la 2005 und nicht, wo jeder nur die Nase rümpft. Also junge Leute an die Macht und angepackt das es nur so kracht. Denn Arbeit ist für alle da, wir verteilen sie nur falsch, Jahr für Jahr. Keiner hat was zu verschenken, doch einiges muss man gehörig einschränken, dieses elendige Profitdenken. Geld und Macht um jeden Preis, so schließt sich niemals der Kreis.

## Kofferraum

Im Koffer ist ja so viel Raum, um die Klamotten zu verstauen, die wir auf Reisen mit nehmen pflegen, für unser Leben, dem bequemen. Da braucht sich keiner für zu schämen, beim Tragen nur die Glieder lähmen. Man hat ja nur so viel mitgenommen, um nicht in Verlegenheit zu kommen. Für alle Eventualitäten, die frühen sowie auch die späten, für Fülligkeiten und den Diäten, zu ziehen über unsere Gräten. Hast du zusammen deine Kleider, brauchst du noch Platz? Ja leider, was man dann da noch hätte, für die Morgen, Mittag und Abendtoilette, man glaubt es kaum, es braucht noch einmal so viel Raum. So viel ja das geht doch nicht, da hat man ja Übergewicht. Da steht man auf verlorenem Posten, das Gepäck übersteigt die Reisekosten, also müssen wir wie seit Jahren, wieder mit dem Auto fahren. Siehe an man glaubt es kaum, voll ist irgendwann auch dieser Kofferraum

# Wer wird Millionär

Es geht nur um Wissen ist Macht um Geld verschenken, hätte man sich so gedacht, diese Art Spiele ist ein knallhartes Geschäft, das so mancher Sender auch noch nachäfft. Dabei geht es nur um Einschaltquoten, Macht und Geld in unserer üppigen Fernsehwelt. Die Kandidaten sind doch nur Mittel zum Zweck, doch jeder steckt diese Art von Öffentlichkeit gar nicht so einfach weg, ob Lampenfieber, Sprachlosigkeit, sein Wissen zu mobilisieren in so kurzer Zeit. Jeder blamiert sich ebenso gut er kann, Hauptsache er kommt an den Geldsegen ran. Es ist doch egal ob schlau oder dumm, Hauptsache es sieht ein Millionenpublikum. Der Kandidat ist immer nur zweiter Sieger und wenn er zu Hause ist, ist er manchmal vielleicht ein armer Krieger, darum muss man vorher schon versuchen, ein möglich großes Stück vom Millionenkuchen, sonst sind die Taschen leer und bleiben es auch, so wirst du niemals Millionär.

# Der Müll im Wirtschaftswunderland

Der Müll, das liegt doch auf der Hand, ist ein Teil vom Wirtschaftswunderland. Man kann das soll man nicht verkennen, die Nase sich dabei verbrennen. Das ist bei uns, kann man oft lesen, ein Politikum schwersten Ausmaßes gewesen. Die Grünen haben sich einmal für Müllvermeidung eingesetzt und jeder hat dann mit gehetzt. Es wurde dann, wie wir es lieben, lange ausgearbeitet und aufgeschrieben. Siehe da es ist vollbracht ein neuer Industriezweig ist erwacht. Es wurde verteilt auf viele Schienen, viel Geld kann man damit verdienen. Doch alle halten bis heute still und wir versinken immer mehr in unserem eigenen Müll. Ein Mülltourismus ist entstanden und wer noch keinen Müllberg hat bekommt ihn für viel Geld auch in seiner Stadt. Ein Kreislauf sollte es doch einmal sein, bringt man die gebrauchten Stoffe wieder hin. Doch lagert man sie ab, ist alles verpufft, wie bekommen wir neues? Vielleicht aus der Luft, so ist der Kreislauf unterbrochen, das steckt doch jedem in den Knochen. So werden wir das nie hinkriegen, wenn wir uns selber in die Tasche lügen. Irgendwann ist jeder Rohstoff verbraucht, dann haben wir unsere schöne Erde aufgeraucht. Wenn wir dann jeden wollen versohlen, diese Erde ist mit nichts mehr zurückzuholen. Im Moment ist noch alles möglich, also denke daran, und zwar täglich, Müllvermeidung um jeden Preis, eigentlich weiß es jedes Kind bis hin zum Greis. Wir wissen ja was bei uns Menschen mehr zieht, ein schönes Leben. Nur Geld und Profit. Da hilft keine betteln und beten, da muss du dir selbst mal in den Hintern treten und mit vielen gleichgesinnten Kollegen, den Profitgeiern für immer das Handwerk legen.

# Die rastlose Nachbarin

Nach Essen stand uns gerade der Sinn, da klingelte es, die Nachbarin von drei Häusern weiter. Wimmernd und frierend stand sie vor der Tür, sie hatte uns noch nie besucht, doch jetzt ist sie hier. Wir haben sie hereingebeten, um uns ihren Kummer anzuhören. Sie war gerade beim Schnee fegen mit Besen und Stiel als hinter ihr die Tür zufiel. Sie hatte sich selbst ausgeschlossen. Heimlich haben wir natürlich ihre Schilderung genossen. Wir sollten ihr helfen die Tür wieder aufzubekommen, da hat mein Frauchen sich ein Herz genommen, um einen Schlüsseldienst zu bekommen. Vierzig Minuten war für das Kommen bemessen, so hat die Nachbarin bei uns gesessen. Die Zeit verging, wir haben gesprochen, über alte Zeiten, so haben wir uns berochen. Plötzlich klingelte das Telefon, der Schlüsseldienst. Eine halbe Stunde haben sie dann zugebracht, so wurde die Tür dann aufgemacht. Einen neuen Zylinder haben sie eingesetzt mehr wurde an der Tür auch nicht verletzt. Später ist dann noch rausgekommen, 150 € hat er dafür genommen.

# Rinderwahn

Was haben wir den Rindviechern nur angetan? Auf einmal haben sie den Rinderwahn. Das wäre doch gelacht am Ende haben wir die Viecher mit unserer Lebensweise noch verrückt gemacht. Sie haben doch heute unendlich Futter, saftige Wiesen, dafür bekommen wir ja auch immer Milch, Käse und Butter. Doch was sagte schon immer unsere Mutter, mit Essen allein ist es auch nicht getan, der Spruch ruft mich heute auf den Plan. Bei diesem Stress in unseren Zeiten, braucht so ein Rindviech vielleicht auch ein paar Streicheleinheiten, es muss ihr Leben lang Höchstleistungen erbringen und wird dabei um jeden

Milchfettpunkt ringen, das bringt dem Bauern ja auch bares Geld, ist denn das alles auf der Welt? Ja, offensichtlich ist es so, das Tier ist heut nur ein Objekt, entweder es bleibt am Leben oder verreckt. Wie weit ist die Menschheit nur gekommen, in frühen Zeiten wurde ein Tier noch ernst genommen. Der Herrgott hat uns die Tiere gegeben, sonst kann der Mensch auf der Welt doch gar nicht überleben und wir gehen mit der Kreatur so um als wären nur wir die schlauen und alle Tiere dumm. Wir sollten ewig dankbar sein und setzten Tiere wieder als unsere Partner ein. Es muss sofort ein Umdenken geben, um maßvoll mit den Tieren umzugehen. Wir müssen wieder mit anderen Maßen messen und nicht so üppig Fleisch rein essen. Wir haben uns nur selbst betrogen und essen nicht mehr ausgewogen. Es gibt schon so viele dicke Leute, wir sind des Wahnsinns fette Beute. Wir haben uns das angetan, nur deshalb gibt es Rinderwahn. Es hat doch auch im früheren Leben kranke Rindviecher gegeben. Sie wurden geschlachtet, ganz normal und gegessen, wir hatten doch gar keine andere Wahl und wer hat sich das nicht angetan, vielleicht war das auch Rinderwahn. Doch das will keiner wissen, heut arbeiten wir ja auch mit Kompromissen. Bei aller Überproduktion, für sehr viel Arbeit wenig Lohn. Haben wir auch dieses in der Hand, zu subventioniert entsorgen wir unseren Überbestand und unser Sachverständigen Klan nennt diese dann einfach Rinderwahn. Der Wahn entstand in unseren Köpfen, schneiden wir endlich ab die Perücken mit den langen alten Zöpfen.

# Poeten

Es ist doch kein Privileg auf Erden, wenn Menschen einmal poetisch werden. Sie reimen, dichten wie es passt, von anderen

Leuten manchmal sogar verhasst. Sie haben Spaß an ausgewählten Worten und meist noch an historischen Orten, vielleicht ist es sehr unverfroren, ich glaube es ist angeboren. Ich reime und dichte seit ich schreiben kann also ist da doch etwas dran. Ich schreibe für mich nur wenige haben es gelesen, vielleicht wäre auch die Allgemeinheit gern dabei gewesen. Wie mache ich es wie fange ich es an bringe meine Geschichten denn an den Mann. Eventuell ist es ja ein Lacher, aber ich bin einfach nicht der große Macher. So viel Öffentlichkeit muss auch nicht sein ich schreibe lieber im stillen Kämmerlein. Wer möchte kann es natürlich gerne lesen, gegen einen Obolus für Abnutzung und Spesen.

## Lebenselixier

Der Korn ist kein Ersatz für Bier, eher so eine Art Lebenselixier, Hustensaft oder Krankheitsvertreiber, für Männer und für W-Frauen. Für innere und äußere Wehwehchen. Er ist auf Zack, fast ohne Geschmack, doch ist so ein Glas erst einmal leer, ist das Verlangen danach mehr, ist es die Sucht oder die Heilungsfrucht? Hauptsache es hilft, verringert die Arztbesuche fördert die Geselligkeit und vertreibt die Zeit. Doch zu viel des Guten sollte man sich nicht zumuten, entgleiten einem schon einmal die Kräfte, die sogenannten Körpersäfte. Bleibt man bei einem Gläschen in Ehren, kann das keiner entbehren oder verwehren. So ein Korn ist ja auch Alkohol, danach fühlt sich nicht jeder wohl, da kommt mancher Mensch von Sinnen und fängt dann auch mal an zu spinnen. Der Zustand ist meist schnell vorbei, im Volksmund nennt es jeder Sauferei. Viele haben den Alkohol aus ihren Leben verbannt, sie hatten sich ja gar nicht mehr selbst in der Hand. Das war dann wohl die einzige Wahl, bei so einem Suchtpotential.

# Gedanken

Ich lasse meine Gedanken schweifen, tausend Themen, die mich ergreifen. Tot und verderben, Geld und Erben, Sex und saufen, konsumieren und kaufen, Haus und Hof, nett und doof, lieb und böse, Blitz, Donner und Getöse, viel Arbeit und Gewese, helfen und hassen alles muss oder will man geschehen lassen. Essen und Trinken, Bier, Speck und Schinken, toll laufen oder hinken, oder droht im Sumpf des Alltags zu versinken. Keiner darf merken das nicht mehr geht, wie jeder dem Herrgott seinen Tag in die Hände legt. Keiner darf und soll merken, wie man leidet oder heimlich aus dem Leben scheidet. Viel Sinn oder Unsinn oder man schmeißt hin, macht weiter schmaler oder breiter. Ausgebeutet, in Ruhe gelassen oder auch vor Neid erblassen, Ausgesetzt, neu angefangen nur mit hoffen oder bangen, das Leben gemeistert oder voll daneben, keine Courage, um aufzugeben. Du darfst dich nicht rächen es nicht einmal aussprechen. Auf der Piste, steht auch deine Negativliste. Es gibt nichts abzustreiten in unseren Breiten. Es sind doch neue Zeiten, wir müssen umdenken, auch mit Güte schenken. Ablenken ja keinen kränken, jeden bedenken nur so kann sich alles wieder einrenken.

# Lachen

Standardsprüche dazu das Standardlachen, Anstandslachen auch genannt. Viele Leute lachen nur weil das Lachen gesund ist, lachen über jeden scheiß. Das Lachen ist meist sehr lachhaft, weil Dinge erzählt werden, die lächerlich sind vielleicht ein Witz, den keiner Verstanden hat. Eine Lachnummer die keine ist. Es gibt im Leben eine kurze Zeit da ist man sehr lach bereit, weil man die Welt noch nicht so recht versteht, mit Dingen umgeht und weiß doch nicht um was es sich wirklich dreht. Man sammelt Erfahrung, das ist die Zeit der Unsicherheit darum ist man schnell einmal lach bereit, man lacht über sich selbst und ist platt das man gar nichts verstanden hat. Es gibt die Lachsprache, wo keine ernsten Themen Platz haben oder selbst ernste Themen verlacht werden, weil kein Gegenüber da ist, der richtig zuhören kann oder mit seinem Intellekt so recht folgen kann.

# Geld

Für Großzügigkeit ist momentan keine Zeit, weil vieles abweicht und das Geld eh nicht reicht. Geld ist auf dieser Welt wohl sehr wichtig wenn auch viele anders denken und Geld verschenken, sich dabei den Hals verrenken, Kapital umlenken. Ist es nicht ihre eigenes können und wollen damit gestalten, es vielleicht momentan nur verwalten oder gar die Gesellschaft damit spalten. Wer offensichtlich etwas verschenkt doch gewisse Gesellschaftsströme damit lenkt, ist gekränkt, wenn man öffentlich so etwas über ihn denkt. Keiner kann etwas verschenken, ohne sich ernsthaft dabei etwas zu denken, sich vielleicht selbst in eine Abhängigkeit zu lenken oder sich vielleicht damit einzuschränken. Wie eben Menschen manchmal so denken. Für Großzügigkeit war noch nie die richtige Zeit, da kann man nur Lachen, wer sollte dir Geldgeschenke machen, unter dem Motto nicht einmal Lotto.

# Schreibtischtäter

Der Schreibtischtäter, schreibt alles auf für später damit er dann beweisen kann was er beim Schreiben sich ersann. Das Schreiben hat er bestimmt nicht erfunden, kommt trotzdem ganz gut über die Runden. Wie heißt es dann so schön wer schreibt der bleibt, das ist ja wahrlich übertrieben, es ist noch keiner für immer dabeigeblieben. Manch einer schreibt sich die Finger wund und lebt gerade so von der Hand in den Mund. Ein geschriebenes Wort so für die Masse bringt dir auf Dauer Geld in die Kasse. Schlagzeilen und Katastrophen bringt dir nur Brot und Futter für den Ofen. Die Weltverbesserer vermarkten das geschriebene Wort weltweit von Ort zu Ort, da kann der kleine Schreiber nur noch spucken das ist wahrlich die Lizenz zum Geld drucken. Also musst du hier auf Erden als Schreiber erst mal eine Berühmtheit werden.

# Schreiber

Viele nehmen sich gar nicht so wichtig alles ist be - oder verschreibungspflichtig. Eine Sache gut beschrieben ist das was die meisten lieben, doch Dinge kann man auch umschreiben und trotzdem bei der Wahrheit bleiben. Keiner weiß am Ende was gemeint, niemand gibt es zu bei seinen Gaben irgendetwas nicht verstanden zu haben. So gibt sich jeder große Mühe und zwingt sich dabei sich in die Knie. Alle schauen wohl wollen drein denn keiner will der Loser sein, sie nehmen sich dann an der Sache und merken später es war nur Mache. Doch die Aufklärung ist auf der Strecke geblieben so werden halt Geschäfte betrieben.

# Das Essen

Es ist schon ein Kreuz mit dem Essen, gerade hat man etwas gegessen muss man aus Höflichkeit noch einmal etwas essen. Möchte man mal etwas essen, wurde alles aufgegessen. Darf man endlich essen und ist gerade angefangen ist einem der Appetit vergangen. Ist man endlich einmal satt, gibt es etwas was man lange nicht gegessen hat. Hat man mal einfach nur so rumgesessen denkt man unweigerlich ans Essen. Essen kann man zu allen Zeiten, die meiste Zeit verbringt, man beim Zubereiten und auf dem Tisch dann ausgebreitet, alles auch nach gutem Stil, verlässt einen plötzlich das Hungergefühl.

# Rentnerdasein

Momentan ist man schon sehr verstört, weil man zum Arbeitenden Volk nicht mehr dazu gehört. Um es nicht zu sehr hoch zu loben, du fühlst dich irgendwie abgeschoben. Du kannst nicht mehr in vielen Dingen so einfach deine Leistung bringen. Du gehörst einfach zu den alten und kannst dich nicht mehr frei entfalten, doch mach dich frei von diesen Dingen, nur die Erfahrung lässt dich nicht zu Boden ringen. Du bist doch wer, es wäre doch gelacht, was hat man alles mitgemacht. Vorgenommen hat man sich im Leben den erlernten, jungen Leuten weiterzugeben und das ist heut noch mein Bestreben.

# Feiertage

Das ich nicht lache, dass ist heute nur noch eine Mache. Feiern war doch seiner Zeit ein Zeichen der Familienzusammengehörigkeit. Alle Familienmitglieder sind zusammengekommen und haben sich dafür Zeit genommen. Vater, Mutter, Opa und Oma, Enkel, Urenkel, Onkel und Tante viele mehr und Anverwandte haben beieinandergesessen, haben getrunken gelacht und gut gegessen, jeder hat etwas mitgebracht und allen eine Freude gemacht. Heute ist das alles immer sehr verzwickt und ist so gut wie nie geglückt das alle einmal zusammenkommen. Jeder möchte besser sein und das Familienbild passt einfach nicht mehr in unsere Zeit hinein, jedoch das muss nicht sein. Egal was jeder hat besessen, seine Wurzeln darf man nie vergessen. Die Feiertage sind doch ein alter Brauch und nicht vom alten Zopf nur Schall und Rauch. Es sind auch keine Strafen, zum Gammeln, Rum sitzen und Schlafen. Es sind Zeiten sich zu besinnen und viele neue Kräfte zu gewinnen. Es ist ein Bedürfnis, ein Bestreben seine Familie und die Gesellschaft immer wieder neu zu erleben. Die Natur zu betrachten, sich selbst einmal zu finden und um eins zu werden mit Himmel und der Erden, auch für Dankbarkeit hat man dann einmal Zeit. Also so erübrigt sich die Frage nach sinnvollem erleben der Feiertage.

## Wassergymnastik

Man kann es erst einmal mit einem Glas Wasser probieren zu jonglieren, dann mit einem vollen Becher aus Plastik, das ist doch auch schon Wassergymnastik oder wie muss ich es als unsportlicher verstehen. Nur mit einer Badehose bedeckt ins Schwimmbecken gehen und Leuten beim Baden zu zusehen. Nein natürlich nicht, man soll sich regen nach Anordnung im Wasser kunstvoll bewegen, nicht mit einer Puppe, sondern mit einer Menschengruppe. Trotzdem jeder für sich, damit wir beweglich bleiben, doch ja nicht übertreiben, jeder so viel wie er kann. Ok da bleiben wir dran, so habe ich für mich die Beweglichkeit im Wasser entdeckt, das hat sogar meinem Körper geschmeckt. Sofort mache ich es immer wieder an diesem Ort, Wassergymnastik ist jetzt mein Wassersport. Sogar Neptun würde mich beneiden, doch sein Amt möchte ich nicht bekleiden, da würde ich mich lieber bei Trockenübungen trimmen, aber nicht so viel im Wasser schwimmen.

# Errungenschaft

Was ist denn eine Errungenschaft? Man hat lange drum gerungen und es ist eigentlich geschafft. Wo heute eine Riesenschuldenlücke klafft das ist unsere Errungenschaft. Wir haben einfach zu hoch gepokert und alles verspielt, doch aus Übermut unsere Errungenschaften ganz gezielt einfach mit verspielt. Unsere Stadtväter reden uns nur besoffen, sie fühlen sich überhaupt nicht betroffen. Erfinden immer etwas Neues und erhöhen die Steuern, werden noch ihre Bürger aus der eigenen Stadt rausfeuern. So was nennt man hier frech Bürgermeister, richtig heißt er Schuldenmachermeister.

# Kindervogelschießen

In früheren Jahren konnte man als Kind genießen, im Juni vor der Gilde, war immer Kindervogelschießen. Die Erwachsenen haben sich geplagt, war Kindervogelschießen angesagt. Alle Erwachsenen mussten sich verpflichten den Festplatz dafür herzurichten. Viele Stände wurden aufgebaut und von der Großen Gilde auch Ideen geklaut so wollten die Kinder auch genießen, einen Vogel von der Stange schießen. Wir mussten ja nur schauen wer konnte einen Vogel bauen, der Hausmeister der Schule stand immer parat, er baute einen Vogel in Miniformat. Alle dies sehr genossen, mit der Armbrust haben wir ihn abgeschossen. Alle konnte man nicht schießen lassen nur Kinder ab den sechsten Klassen, die anderen machten andere Spiele, damals waren es noch Gott wer weiß wie viele. Tauben picken, Eier-laufen, zwischendurch was Süßes kaufen, Sack hüpfen, Kegeln und noch vieles mehr, wir Kinder amüsierten uns sehr. Königswürden wurden zum Schluss verteilt und jeder hat sich aufgestylt für den großen Umzug durch die Stadt. Jeder hat sich sehr bemüht, den Umzug hat man ausgeschmückt, mit Fähnchen Blumen ganz entzückt. Die Königskinder wurden getragen von bunt geschmückten Pferdewagen. Zum Schluss gab es in der Stadt in jedem Saal ein Vogelschießen Kinderball. Das gab den Kindern für das ganze Jahr Kraft, leider wurde dann langsam nach und nach das Vogelschießen abgeschafft. Mit der Begründung hierfür ist kein Geld mehr vorhanden, eine andere Lösung sie aber auch nicht fanden. Keiner hat sich öffentlich sehr aufgeregt, so wurde unser Kindervogelschießen Jahrelang auf Eis gelegt. Heute gibt es eine abgespeckte Neuauflage und jeder vermeidet die Frage, wie lange es diesmal dauern mag, bis das Geld ausgeht und unser traditionelles Kinderfest wieder am Abgrund steht. So langsam sollten wir uns schämen unseren Kindern schon den Spaß am Feiern nehmen. Wir feiern Gilde Tage lang und sind danach ja auch ziemlich blank. Mit den Schulen sollten wir uns verbrüdern, um das Kinderfest neu zu gestalten, denn diese Kinder sind die neuen Gildebrüder und Schwestern und wir die alten.

# Kundentreue

Unsere Waren sind zwar schlecht und teuer, unsere Kunden sind trotzdem treuer als bei den anderen, woanders wurden sie ja auch nur angeschissen. Sie müssen es schließlich selber wissen. Betrug ist heute doch nur ein Kavaliersdelikt und jeder hat dezent nur drüber weggeblickt. Doch die Maschen werden langsam enger und sie dulden den Betrug nicht länger. So langsam müssen wir wohl einlenken und über andere Wege nachdenken. Z.B alles zu verschenken ohne lange drüber nachzudenken. Man kann es wenigstens probieren und problemlos einfach mehr produzieren, dann wird sich wenigstens auf dem Arbeitsmarkt etwas rühren. Plötzlich werden alle wieder jung und die Wirtschaft kommt so auch endlich wieder in Schwung.

# Der Dauerschreiber

### (Ansichten meiner Frau)

Mein Mann ist schon manchmal ein Übertreiber und allzu oft auch ein Dauerschreiber. Zum Reden ist nie Zeit geblieben, er hat seine Gedanken einfach immer aufgeschrieben. Er hat kein Blatt vor den Mund genommen, es ist auch viel Unsinn dabei rausgekommen. Alles habe ich bis jetzt noch nicht gelesen, es ist noch keine Zeit gewesen. Irgendwann werde ich den ganzen Mist ins reine schreiben, dann kommt der Unsinn an den Tag, ob das wohl überhaupt je einer lesen mag? Viel Wissenswerte habe ich dabei auch schon erfahren, die Gedanken, Ideen und Erfahrungen von Jahren. Wie kann man sich bloß so viel Unsinn ausdenken und diese Zeilen der Menschheit schenken? Das sind die Erfahrungen aus seinem Leben, die möchte er gern zum

Besten geben. Ob das je einer wissen will? Da schweigt der Schreiber lieber still. Soll sich doch jeder selbst seine Gedanken dazu machen, Hauptsache man hat mal wieder etwas zum Lachen.

# Probleme

Das größte Problem, des Problems ist das Problem. Dabei gibt es Problemlöser, einfach auftragen, wenn es nicht hilft, haben wir das nächste Problem. Das Problem des Problemlösers, er hat ein Verfallsdatum, doch es steht nicht drauf das ist das Problem. Kauft man sich dann diesen Problemlöser sollte man gleich fragen nach dem Verfallsdatum, das Problem ist, das keiner etwas weiß von einem Verfallsdatum des Problemlösers, das ist das Problem. Problematisch ist es nur wenn es gar keine Probleme gibt. Da es aber immer Probleme gibt, die gar nicht zu lösen sind, braucht man auch keinen Problemlöser, also sind es die sogenannten ungelösten Probleme, wer diese dann doch knackt hat gleich mehrere Probleme, dann hat man ja einen neuen Problemlöser und ein neues Problem, weil es keine Probleme gibt, die ungelöst bleiben.

# Drei kleine Reime

Der Fahrgast vergebens am Bahnhof steht, der ist doch seit Jahren stillgelegt.

Das Büblein steht allein am Weiher, vielleicht wartet er auf die Weihnachtsfeier.

Das Garagentor ist eingebaut, bloß die Garage wurde geklaut.

# Blumenstrauß

Wir gehen heut doch nicht gerne aus ohne einen Blumenstrauß, denn Blumen sind halt immer schön, wollen wir jemanden Besuchen gehen. Ob zu Freunden oder ins Krankenhaus, geht's niemals ohne Blumenstrauß. Zum Friedhof oder zu tollen Festlichkeiten können Blumen Freude bereiten. Die Blumen, das ist nicht egal ohne die richtige Farbauswahl. So kann ein buntes Sträußchen Wicken, die Beziehung ins schlechte Licht rücken, oder eine fremde Frau einen dunkelroten Rosenstrauß, löst manchmal ganz schön Panik aus. Auch ein riesengroßer Blumenstrauß sieht irgendwie ganz schön protzig aus. Kommst du mit einer einzigen Blume, bist du manchmal auch der Dumme. Ein kleiner Strauß nach Biedermeier, sprengt manchmal auch die schönste Feier. Willst du mal einen Erfolg verbuchen, kannst du es mit Veilchen ja versuchen, also such das richtige aus nicht einfach nur einen Blumenstrauß.

# Ersatzdroge

Die Alltagsdroge Alkohol, da fühlt sich dein Körper auf Dauer bestimmt nicht wohl. Es braucht ein Paar Jahre um süchtig zu werden, doch beim Rückwärtsgang wird man erst so richtig krank. Die Gesellschaft ist doch das Extrem und wird doch automatisch zum Problem. Wer heute nicht trinkt wird zum Außenseiter, die Verführung dazu ist dein Wegbegleiter. Was möchtest du trinken, mir erscheint da sind doch nur alkoholische Getränke mit gemeint. Softdrinks oder Wasser auf der Piste, die stehen doch meist gar nicht auf der Getränkeliste. Nichttrinker sind, doch meist gleicht Tabu, gehören niemals zur eingeschworenen Crew dazu. Nur wer konsumiert ist gesellschaftsfähig, die Drogen sind stets ausgesucht und nur die

Leute sind fest gebucht, harte Drogen, Sex, Zigaretten und Alkohol fühlen sich im Milieu auf Dauer sauwohl, wer darauf steht rutscht meist auch ab in die Kriminalität oder in die Sucht ist das nicht eine Wucht.

# Die Piste

Wer gerne geht mal auf die Piste, steht überall meist auf der Gästeliste. Ein Party Freund kann schalten und walten und vom feinsten die Gäste unterhalten. Es ist da wo Milch und Honig fließt, das Geld so aus der Tasche sprießt. Doch meist sind es die jungen Leute, die bekommen von Mama und Papa die Beute. Den älteren wird ungelogen doch nur das Geld aus der Tasche gezogen. Nur so ist die Mischung erst perfekt, wenn einer dem anderen die Füße leckt. Der kleine Mann hält da nicht mit, doch manche machen es Schritt für Schritt, sie nehmen sich die Zeit und machen dann die Drecksarbeit, begeben sich so in Abhängigkeit. Am Ende steht nur die Kriminalität. Sie kennen sie Szene in allen Kreisen und können weltweit von Party zu Party reisen. Verdienen ihr Geld mit Insiderwissen, erpressen die Leute ohne schlechtes Gewissen. Das klappt meist auch ganz gut denn diese Leute haben Mut.

# Bereitschaftsdienst

Bereitschaftsdienst ist eine großartige Sache, bevor ich ganz zusammenkrache, bei diesem ganzen sollen, wollen, können müssen oder tun, kann man sich beim Bereitschaftsdienst etwas ausruhen. Oder halt von Licht bis Licht und noch eine Schicht, das ist dann so das Bereitschaftsrisiko. Doch beim

Stundenschieben ist es in diesem Job immer noch geblieben. Freizeit ist schnurz und kommen immer zu kurz Frauen und Kinder, sind dann die Sünder, das ist natürlich nicht so schön sie haben das Nachsehen. Man ist bereit und meist geschafft, so fehlt auch oft die Kraft. Mit der Zeit arbeitet man sich ein, ist meist Mutterseelen allein mit sich und seinem Wissen und keiner möchte diesen Menschen missen. Man will ja auch nicht klagen oder hetzen, aber keiner kann sich so richtig in seine Lage versetzen. Vielleicht hat mal einer eine Sekunde Mitleid, niemals aber für ihn Zeit. Also weiter ohne Furcht da muss man schon durch und sammelt neue Kraft für die Bereitschaft.

# Geschenke

Wenn ich heut nur an feiern denke, zwangsläufig auch an die Geschenke. Was schenkt man denn zu jenem Anlass? Und hat der Beschenkte daran auch Spaß, wir können doch nicht immer wissen was wir dem anderen so schenken können, sollen, müssen. Da muss man sich Gedanken machen, gibt es dann Freude oder eher was zu Lachen. Kennt man sie nicht, Herr, Frau aller Welt, gibt es einfach Geld. Einen Volltreffer hat man doch nur dann, wenn derjenige es auch gebrauchen kann. Das Schenken übers ganze Jahr tut schon manchmal weh, sprengt so manches Geschenkbudget. Ein kleines Geschenk gehört schon zum guten Ton, doch mehr frisst schon deinen ganzen Lohn. Das Schenken verzieht schon manchmal dein Gesicht, bekommt es oft ein Übergewicht. So schenkt man nur noch mit bedacht, das hat noch jedem Freude gemacht. Das sieht wohl jeder ein, ein kleines Geschenk muss schon sein.

# Das Auto

Das Auto, ich schreibe da kein Kohl, ist wohl immer noch unser Statussymbol. Ich schreibe auch nicht übertrieben, dass viele anstatt Mann, Frau oder Kinder nur noch ihr Auto lieben. Es gibt viele, wo man schon sehr stutzt, nur das Auto ist immer sauber geputzt. Immer das schönste und neuste muss es sein, da steckt man alles Geld hinein. Doch sollte man sich einmal neue Schuhe kaufen, würde man wohl lieber barfuß laufen. Hauptsache im Auto sitzen und jeden Tag durch die Straßen flitzen. Der Autofahrer kann es nicht verstehen, wenn Leute stundenlang spazieren gehen, lieber schön im Auto sitzen und an der Heizung schwitzen, da braucht man nicht so viel zum Essen und keine Kalorien messen.

# Harzer Roller Kartenspielverein

Der Name und wie konnte es auch anders sein fiel uns bei unserer Harzfahrt ein. Nach einer tollen Wochenendreise in den Harz, gleichzeitig war die Reise eben ein Abschluss für ein erfülltes Arbeitsleben. Nebenbei hatten wir ja noch viel Zeit zum überlegen, was könnte es denn in unserer Freizeit noch weitergeben? Spontan fiel uns dann allen ein, wir gründen einen Rommekartenspielverein. Doch es kam noch doller, der Verein heißt ab sofort dann Harzer Roller. So haben wir dann auf diese Weise eine schöne Erinnerung an unsere Harzreise. Über ein Jahr ist jetzt schon unser Bestehen und es soll so schön noch viele Jahre weitergehen. Eine Satzung haben wir uns schon gegeben, so ist es eben im Vereinsleben, Schriftführer und Kassenwart wählten wir dann auf unsere Art. Zwei-stimmig sind wir dann auch bereit, diese Posten vergeben wir dann gleich auf Lebenszeit. Da gibt es gar nichts drüber zu Lachen, wir wählten eben zwei die verantwortungsvoll ihre Arbeit machen. So ist es unser gemeinsames Ziel etwas Geld zu zahlen für ein verlorenes Spiel. Um etwas zu trinken und ein wenig zu naschen und bei einer Schnapszahl auch mal ein Schnäpschen zu erhaschen, so ist es lange nicht egal zu feilschen dann um jede Zahl, und hat es trotzdem nicht geklappt so hat man lange keine Zahl gehabt, man kann es natürlich auch in die Bahnen lenken, trotzdem mal einen einzuschenken. So hat es wäre doch gelacht sich jeder schon mal einen Vorwand ausgedacht Ob Hausherrenschnaps oder Begrüßungstrunk gibt für das nächste Spiel den Schwung. Zur fortgeschrittenen Abendstunde gibt es also ab und zu ne Runde, und auch zum Abschluss eben kann es auch noch einen geben, dass muss schon sein, in unserem Harzer Roller Kartenspielverein.

# Schornsteinfeger

Dem Schornsteinfeger hat es nicht geschmeckt, die ganze Heizung ist verdreckt. Bespricht sich dann mit dem Kollegen, die Heizung heute still zu legen. Darüber ist der Besitzer sauer, beim nächsten Mal dann hoffentlich schlauer. Die Heizung jährlich ist zu warten, dann kannst du sie problemlos starten. Dann hat man auch die Wärmefreuden braucht keine Energie mehr zu vergeuden. Sieht keinen Schornsteinfeger stutzen, mit dem Heizen die Umwelt zu verschmutzen, also freut euch auf den schwarzen Mann, auf den man sich verlassen kann.

# Garten

Ich kann es kaum erwarten, zu gehen in den Garten, um so bald wie möglich durchzustarten, doch das Wetter wird noch gar nicht netter. Nur die Sonne, das ist die Wonne, sie hat schon so viel Kraft, ob sie es schon dauerhaft schafft die Erde zu erwärmen. Dann kann man natürlich, ohne zu hetzen die Frühkartoffeln setzen. Der Rasen braucht jetzt viel Kraft, bis jetzt hat er es ja immer wieder geschafft, sein grünes Kleid zu zeigen, die Halme wiegen sich im Wind und flüstern ein Lied wie leise Geigen. Na ja, mir ist schon klar die Gartensaison ist noch nicht da, aber die Natur ist schon rege und auf dem besten Wege. Die ersten Insekten tanzen sich schon ein in dem warmen Sonnenschein, dem Igel ist es noch zu kalt, er liegt noch geballt im Blätterhaufen und will noch gar nicht laufen. Ein paar Tage müssen wir eben noch warten mit den Aktivitäten im Garten.

# Walter

Mein Freund Walter ist ein Gartengestalter. Er gestaltet jeden Garten wie die Leute es von ihm erwarten. Mit dem Spaten und dem Hacker nicht mit dem Minibagger. Er nimmt sich noch Zeit für richtige Handarbeit, spricht mit den Pflanzen, sieht die Natur noch im Ganzen, für ihn gibt es nicht gut oder schlecht, auch für die Tierwelt gestaltet er den Garten sehr recht. Es gibt auch kein Unkraut, nur Wildkräuter und keine Spur von Monokultur. Bei ihm fühlt sich jede Pflanze wohl, gibt ihnen die Freiheit zum Gedeihen, so kann er sich auch selbst befreien, ein Urgestein, studiert die Natur, ist immer den Wünschen der Pflanzen auf der Spur. Ein Traum von Gärtner man sieht es ihm an, was mit so einer Freude zum Detail man gestalten kann. Er ist schlank und rank und war noch nie ernsthaft krank, in seinen gestalteten

Gärten gibt es auch keine kranken Pflanzen, sie beschützen sich untereinander. Jede Pflanze hat er ausreichend studiert, wie sie reagiert auf Wind und Wetter, er ist der wahre Pflanzenretter und Versteher nur so kommt man sich näher der Mensch und die Natur, von gegeneinander keine Spur. So lebt es sich am besten jeder sollte diesen Einklang testen.

# Der Heizungsmonteur

Der Heizungsmonteur hat es schon schwer, denn geht die Heizung einmal nicht mehr muss er her. Die Heizung ist kaputt, weil man es nicht glaubt, wird schon mal selbst daran herum geschraubt. Alles wieder schön zusammengepackt, das merkt er nicht der alte Sack. Doch man sollte es nicht glauben der Monteur fängt gar nicht erst an zu schrauben. Der Kunde kann es nicht verstehen, der Heizungsmann hat die Manipulation doch gleichgesehen. Na, meinetwegen er hat auch Grund sich aufzuregen. Er darf mir ja auch ein neues Gerät verkaufen, denn so eine Heizung muss ja laufen. So etwas wird es alle Tage geben, der Heizungsmann muss ja schließlich auch irgendwo von leben. Da kann er schallend lachen, durch seine jahrelange Erfahrung ist ihm nichts mehr vorzumachen. Doch gibt es auch knifflige Sachen da steht er ganz schön auf dem Schlauch. Irgendwie wird das Ganze dann doch geschafft, Hauptsache ist der Kunde hat es nicht gerafft. Es ist auch nicht so schön, als Fachmann so blöde auf dem Schlauch zu stehen. Also auf ein nicht so baldiges Wiedersehen.

# Lagerfeuer

Die Zeit heut ist mir nicht zu teuer, sitze ganz allein am Lagerfeuer. Dabei werde ich doch nichts versäumen, so kann man doch ganz herrlich träumen. Das Knistern des Feuers regt mich eher an, als säße dort ein zweiter Mann. Die wohlige Wärme macht sich breit, vermittelt etwas Geborgenheit. Doch oftmals muss man sich erheben, dem Feuer neue Nahrung geben. Das Feuer vermittelt auch Macht und Kraft, es sind schon irgendwelche gewisse Gewalten das Feuer auch im Zaum zu halten. So hält es auch ab manch Bösewicht, die mögen kein Feuer und scheuen das Licht. Das Feuer ist auch gut gemeint, es ist gleichzeitig Freund und Feind. Das Feuer kann dich vor Kälte bewahren und du kannst damit dein Essen garen. Das Feuer ist für uns unentbehrlich, teuflisch und doch so ehrlich, deswegen darf das Feuer nie erkalten, das ist eine unserer Naturgewalten, Feuer ist Leben und wird es immer geben.

# Das Rauchen

Das Rauchen ist ein innerer Zwang und macht es auch auf Dauer krank, so will man es doch nicht begreifen und einfach auf das Rauchen pfeifen. Der Mensch will doch immer schlauer sein und fällt trotzdem auf die Sucht herein, versucht es niemals aufzugeben, bedroht es auch sein eigenes Leben. Es kostet Kraft, die Luft, das Geld, was hat man sonst auf dieser Welt. So ist es mit dem Rauchen eben, nur das Rauchen ist sein Leben. Kann es noch etwas Schöneres geben in einem beschissenen Raucherleben? Alles können wir verdrängen, doch nicht das an der Kippe hängen. Wer hat das Rauchen nur bestellt auf unserer sonst so schönen Welt. So hört man doch Gerüchte, es gibt auf der Welt auch schönere Süchte z.B Wein, Weib und Gesang, doch das macht auch auf Dauer krank. Hast du dich mit deinem Leben erst einmal verkracht, liebst du nur noch das was süchtig macht. Dann gibt es nur noch ein Bestreben, so lange wie möglich mit der Sucht zu überleben.

# Der Tag

Jeder Tag wird für mich wunderschön, wenn ich die Freude verspüre aufzustehen. Ein Tag wird für mich nie zur Last, habe ich gesteckte Ziele gefasst. Es sind in meinem Leben wohl Göttliche gaben nächtlich wohl geruht zuhaben. Gehe ich mit meinem Körper gefühlvoll um, nimmt er mir so leicht nichts krumm. Mein Bestreben ist in meinem Körper gern zu leben. Mein Leben hat für mich auch Sinn, wenn ich in jeder Situation ich selber bin. Ich möchte mich nie verkaufen, oder gar verschenken, lieber an mein Wohlgefühl denken. Ich mag mich so wie ich bin, für mich hat das Dasein einen starken Sinn, auch wenn ich mich im Spiegel sehe, werde ich nicht wild und mag auch gern mein Ebenbild. Ich finde mich großartig, ich finde mich gut, das macht jeden Tag mir neuen Mut. Oder bin ich zu sehr Egoist, habe womöglich die Angst vorm Ablauf meiner Daseinsfrist? Vielleicht habe ich es jetzt auch nur gerafft das das Leben jeden schafft.

# Der Mensch bewegt

Es gibt ja Menschen, die haben in ihrem Leben nicht so viel bewegt, vielleicht einmal ein teures Auto zerlegt. Als junger Mensch sehr ungelenk durch Unvorsicht ein Hochhaus in die Luft gesprengt, ein riesiges Containerschiff im Meer versenkt und wegen seiner Liebe hat die Nachbarin sich aufgehängt. Ein wenig hat er sehr intensiv erlebt, auch die Erde hat schon unter seinen Füßen gebebt, bemerkte sogar einmal in der Nacht einen Brandgeruch dabei war es nur ein etwas größerer Vulkanausbruch. Bei einem Bombenangriff ist er grade noch mit seinem Leben entkommen, so einen Krieg hatte er sich im Leben nicht unbedingt vorgenommen. Eine Traubenernte am Rhein musste es aber dann doch mal sein. Wegen einer größeren Drogengeschichte war er aber sehr gefasst ging nur zehn Jahre in den Knast. So viel hatte er sich in seinem Leben gar nicht vorgenommen. Leider ist er nun verstorben, aus der vorgegebenen Lebenserwartung ist nichts geworden.

# Schreiben

Ich glaube mein Mann der nicht ganz rund, er schreibt sich schon sein Leben lang die Finger wund. So viel kann ein Mensch doch gar nicht Wissenswertes schreiben. Was machen denn die anderen Menschen, haben die ihr Wissen irgendwo gespeichert oder einfach weggeschmissen? Menschen haben so viele Erlebnisse, die einmal auf das Papier zu bringen, das muss ja auch nicht jedem gelingen, aus vielen scheinbar uninteressanten Sachen, tolle Geschichten zu machen. Das ist doch die Kunst, Worte zusammen zu fügen und eine oder mehrere Geschichten herauszukriegen. Es gibt ja glaubwürdige und unglaubwürdige Geschichten, Erlebnisse oder Begegnungen in unserem Leben, da muss man ja nicht unbedingt mit angeben. Solche in seinem Leben erlebten Begebenheiten mit anderen zu teilen, an jeder geschrieben Geschichte zu feilen das ist das was es ausmacht, vielleicht wird man aber eben auch ausgelacht. Vielleicht möchte man auch bewundert werden, dass dieser eigentlich unscheinbare unbekannte Mensch etwas erlebt, hat was ihm keiner zutraut, diese erlebten und erdachten Geschichten dann in ein Buch haut und was er schreibt nun im Selbstverlag vertreibt.

# Denkfabrik

Manche Menschen haben Glück, sind die wahre Denkfabrik. Sie wollen sich es nicht selbst schenken, sondern für die lesende Menschheit denken. Sie entwickeln in aller Stille zauberhafte Gedanken in Hülle und Fülle, haben auch Neider, leider. Alle Gedanken von vielen hoch gepriesen, können diese Stinker einem vermiesen. Doch diese Gedankenfrucht, ist auch eine tolle Sucht, keinem Stinker wird es glücken, diese Gedankenflut zu unterdrücken. Auch diese Leute wird man irgendwann überzeugen vor so einer Denkfabrik sich zu verbeugen. Wer nicht will der braucht ja nicht, jedem geht irgendwann auf das Licht.

# Der Lügenbaron

Den Lügenbaron und seinen Sohn, den kennen sie in unserem Städtchen schon. Die können Geschichten erzählen und Lügen, das sich überall wo sie erzählen die Balken biegen. Doch das ist der Clou, die Leute hören immer wieder gerne zu, so unglaublich die Geschichten auch klingen, sie werden die Wahrheit schon irgendwann ans Tageslicht bringen. Wenn es meist auch nur Gerüchte sind, die Halbwahrheiten weiß in unserer Stadt bald jedes Kind. Auch wenn man es nicht beweisen kann, an dieser gelogenen Wahrheit ist meist schon etwas dran.

Wenn solche Gerüchte für die Menschen auch nicht viel taugen alles kann man sich ja nicht so aus den Fingern saugen. Der Herr Baron wird für seine Lügen irgendwann einmal noch den Wahrheitspreis kriegen. Er hat, wenn es auch nicht jedem schmeckt, manche gelogene Wahrheit in der Wirklichkeit entdeckt, denn in der Wahrheit sind meist immer auch ein Paar Lügen versteckt.

# Der Trinker

Der Trinker wird immer blasser, trinkt er sein Leben lang nur Wasser, so haben die Menschen sich lange geschunden und andere Getränke erfunden. Es gibt viele Säfte schmackhaft und schön, doch das sollte auf Dauer auch nicht gehen. Wir haben was gefunden, jetzt werdet ihr lachen, es kann schwindelig im Kopf und auch müde machen. Das fehlte uns noch, dem Menschen zum Wohl, das Zauberwort heißt Alkohol. Heute kann man es gar nicht verstehen, das ist doch nichts zum Wohlergehen. Erst trinkt man das Zeug, doch das wird es sich rächen, die meisten müssen danach sich dann erbrechen. Was war das bloß für eine Erfinderrunde, ich glaube die steckten mit dem Teufel im Bunde. Denn hat der Teufel Alkohol dich erst einmal zu fassen, kannst du irgendwann nicht mehr von ihm lassen. Erfand die Menschheit etwa mit Bedacht etwas was uns auf Dauer süchtig macht? Also versuch dich lieber auszuklinken und bleib lieber beim Wasser trinken.

# Die Rechnung

Neulich habe ich meinen Wirt getroffen, der sagte mir da ist noch eine Rechnung offen. Gestern habe ich doch bezahlt und alles war klar. Nein diese Rechnung ist noch vom letzten Jahr. Bin ich denn so in Gedanken versunken, was habe ich den da bloß alles getrunken? Es war von der Geburtstagsfeier, schon wieder mal die alte Leier, wie konnte ich das denn so vergessen, so viel Geld für Trinken und Essen. Vergessen ist das Zauberwort, ich zog doch an einen anderen Ort. Jetzt konnte ich nicht mehr ausweichen die Rechnung muss ich wohl begleichen. Wo ist denn die Rechnung geblieben? Oder wurde gar keine geschrieben? Das sind die Qualen mit den Zahlen.

# Drei kleine Reime

Vom Alkohol sich auszuklinken, heißt ab sofort nur Wasser trinken.

Wer einen Gastwirt möchte kränken, lässt sich eine Flasche Wasser schenken.

Wer stets sein Geld wird hier versaufen, der kann sie nie eine Harley kaufen.

# Zeitungsleser

Ohne meine Zeitung zu lesen ist es kein Tag gewesen. Weil es am Montag keine Zeitung gibt, wird der Montag von mir auch nicht geliebt. Meine Zeitung und damit die Nachrichten aus unserer Region, die brauche ich schon. So kann man nämlich mit jedem über die neusten Nachrichten aus meiner geliebten Zeitung reden. Was noch nicht in der Zeitung gestanden hat wissen die Rentner auf dem Markt in unserer Stadt. Die heimische Zeitung in unserem Hause ist schon Tradition, manch interessante Information ist dafür der Lohn. Verbesserungsvorschläge könnte man ja immer geben für unsere Stadt und das Gemeindeleben. Unsere Stadtväter bekommen nichts so recht auf die Reihe, fast keine Restaurants und zünftige Kneipen, das wird auch unseren Urlaubsgästen nicht viel Freude bereiten. Fast keine Hotels und keine Attraktion für unsere Gäste, nein noch nicht mal irgendwelche Feste. Leider muss man so was in unsere Stadt mit der Lupe suchen, nun kommt mir nicht mit Corona, das ist unter Sonderveranstaltung zu verbuchen.

# Übertreiben

Wenn man einmal etwas schön beschreiben und auch gleich etwas übertreiben, damit es so viel toller klingt und nicht jeder gleich abwinkt, ist es nicht richtig. Aber auch wenn man ganz genau die Wahrheit schreibt, da sagt doch jeder gleich er übertreibt. Dabei will man doch nur etwas interessantes Berichten über diese wunderbar erlebten Geschichten. Es ist eine Geschichte und keine Tabelle so was erstellt doch schon eine Maschine auf die Schnelle. Ein etwas übertriebenes Erlebnis bringt am Ende ein ganz anderes Ergebnis. Weil manch einer nach etwas Höherem strebt und hat es dann genauso erlebt, so ist die Geschichte interessant beschrieben und auch durch leichte Übertreibung lesbar geblieben. So kann der Leser mit seinem Sinnen das Erlebnis weiterspinnen, zum guten Schluss gehört Zufriedenheit und kein Verdruss.

# Frauen

Viele Männer sind von Frauen sehr verzückt, doch nach Meinung mancher Herren, ist dem Herrgott die Schaffung der Frau wohl missglückt. Sie sind ja auch was solls irgendwie aus anderem Holz. Es steht den Frauen zu Gesicht, sie bringen unsere Mutter Erde aus dem Gleichgewicht. Es ist ja gar nicht so abwegig und nicht einmal zu lachen, sie können die meisten Männer abhängig machen. Wenn die Liebe von Mann und Weib auf der Strecke bleibt, nur noch Sex und Kinder kriegen, ist ja auch nicht gerade fein und gediegen. Na ja, die Gleichberechtigung ist wohl noch zu jung, die Akzeptanz fehlt zwar nicht ganz, doch zu vielen Zeiten gibt es immer noch Schwierigkeiten. Die Menschen werden nicht schlau,> es sind in erster Linie Menschen und dann vielleicht Mann und Frau. Frau und Mann, wie man es sagen will oder kann.

# Geschäftemacher

Ich mache Geschäfte und führe sie nicht aus, dafür hat man doch seine Leute, in so einem noblen Haus. Heute wird doch so ein Geschäftemacher abgewandelt, es ist gar nicht etwa so dass man unbedingt mit Waren handelt. Er ist ein Wachrüttler, ein sogenannter Geschäftsvermittler. Wo Waren gebraucht werden, hier auf Erden, egal welcher Art, geht diese besagte Firma an den Start. Es muss wohl so eine Art Schneider sein, er fädelt nur ein, auch dafür bekommt man auf dieser undurchsichtigen Welt, Geld. Zahlt sogar meist keine Steuern, kann die Angestellten, so wie er – sie möchte von jetzt auf gleich feuern. Wer schenkt solchen Firmen ihr Vertrauen, obwohl diese was sie so weitervermitteln sich alles nur zusammen klauen. Es sind wohl gar keine Geschäfte, es ist die Mafia, sie hat ungeahnte Kräfte.

Sie sahnen ab auf der ganzen Welt, sie haben viel doch das meiste ist alles Illegales Geld.

## Ein Paar Reime

Geld hat doch nur einen Sinn,

ein Tauschmittel für Ware oder Leistung,

man legt es zur Bezahlung hin.


Man kauft sich doch keine Briketts oder Eierkohlen,

 um sich dann warm zu rennen,

sie geben wohlige Wärme,

wenn wir sie im Ofen verbrennen.


Der Meister spricht zu seinen Gesellen,

wollen wir für unsere Arbeit nicht eine andere Firma bestellen?

Denn es gibt Handwerker hier auf Erden,

die mit so einer Arbeit überhaupt nicht fertig werden.


Der Autofahrer hat seine Chance vertan,

er hat die Kurve wohl nicht gesehen

und ist dann in eine Hauswand gefahren.

Die Reime, die ich schreibe,

gefallen bestimmt nicht jedem,

aber bis jetzt hat sie noch keiner zurückgegeben,

doch sollte es jemand wollen,

dann werde ich nicht grollen.

Es muss ja nicht jedem gefallen was ich reime oder schreibe,

es wird sich aber nicht ändern das ich dabeibleibe,

das finde ich besser als nichts zu tun

 und mich nur auszuruhen.

# Gesundheit

Volksgesundheit muss schon sein, doch wer setzt sich wirklich dafür ein. Die meisten achten doch gar nicht darauf, nehmen durch das Globale reisen auch sämtliche Krankheiten der Welt in Kauf. Wenn wir in fremde Länder fahren müssen wir Impfungen in Anspruch nehmen, das gibt es schon seit Jahren. Da wir diese Impfungen selbst bezahlen müssen will der Reiselustige aber nicht zwingen davon etwas wissen. Kontrollen gibt es so gut wie keine, wenn dann Menschen aus unserem Lande erkranken, dann kommen erst die Risikogedanken. Wer muss es denn bezahlen, wenn sie am Ende noch Menschen im Heimatland anstecken und die eventuell daran verrecken. Die Solidargemeinschaft also unsere Krankenkassen, es ist meist schwer zu beweisen kam es vom Reisen oder wurde man im eigenen Land infiziert. Wer ohne Impfschutz in ferne Länder fährt wird auch nicht unbedingt belangt, das ist woran diese Solidargemeinschaft manchmal krankt. Unsere Regierung geht davon aus das mündige Bürger verantwortlich handeln und nicht auf dem Rücken der Solidargemeinschaft wandeln.

# Hausfrau

Die Hausfrau ist heute ausgeflippt, sie hat uns beim Trinken unterbrochen und einfach eine Literflasche teuren Whisky ausgekippt. Angeblich ist die Flasche umgekippt und ausgelaufen, sie wird uns bei Gelegenheit eine neue kaufen. Hauptsache es gab sofort eine Wende, die gemütliche Männerrunde war abrupt zu Ende. Nach einer Stunde haben wir uns in der Kneipe wiedergetroffen und es wurde weiterges........trunken. Das wollten wir ja eigentlich vermeiden, aus dem Haus zu gehen, so schnell kann man eine Situation auch falsch verstehen. Es sollte ein gemütlicher, geselliger Abend werden, es wurde aber gleich abgewunken, die Damen haben doch gerade im anderen Zimmer Kaffee getrunken.

Die Hausfrau machte zwischendurch wohl ungewollt Kontrolle und griff dabei genau ins volle und das was die Whisky Flasche. Es war Gott sei Dank nur eine davon im Hause und sonst nur noch Bier oder Brause. Zu Hause hat es dann kurz gekracht und danach hat unser Gastwirt dann das Geschäft seines Lebens gemacht.

# Der Camper

Endlich ist er nach 12 Stunden am Campingplatz angekommen wird aber nicht durch die Schranke gelassen, nicht angenommen. Die Anmeldung war nicht zu finden, kein Platz mehr frei alles vergeben. Doch so ein Camper hat schließlich eine geordnete Buchführung, wo haben wir unsere Anmelde Bestätigung und schon geht die Sucherei los. Im untersten Koffer im Auto wurden sie fündig, ja tatsächlich Platz 12, ja alles klar. Mit einer kurzen Entschuldigung und einer Flasche Wein kamen sie dann endlich rein. Nichts leichter als das, Zelt aufbauen und sich wie immer Wohlfühlen. Diesmal doch hat unser Zelter sich angeschmiert, das Zelt war nicht wie immer sonst zum Paket geschnürt. Bänder, Seile und Heringe liegen noch in der Garage zu Hause. Doch der Platzbetreiber hat alles zum Verkauf für Camper in seinem Laden. Wo ist denn der Schlauch für die Gasflasche mit dem Druckminderer? Auch noch in der Garage zu Hause, na ja gut können wir ja auch hier kaufen. Als Camper nimmt man alles in Kauf. Pechmarie nimmt ihren Lauf. Plötzlich ist der Autoschlüsselweg. Die Gasflasche hat ein Leck nun noch eine rauchen, solch Explosion kann man gerade noch gebrauchen. Gottseidank der Gasnebel hat sich verzogen, ist nach einer halben Stunde verflogen. Der Sohn hat sich schreiend ins Gras geschmissen, ein Hund hat ihn gebissen. Die Frau hat mit sich selbst gehandelt und mit einem Wohnmobilisten angebandelt. Das Camper Volk ist schon eine Zunft. Die Frau hat erst mal eine warme Notunterkunft. Es ist eine bekannte Familie aus dem vorigen Jahr, also alles klar. Hurra, der Autoschlüssel ist auch wieder da. Campen ist auch immer noch ein Abenteuer und von Natur meist keine Spur. Unser Zelt wurde mit vielen Helfern noch vorm Dunkelwerden aufgestellt. Also alles in Ordnung und Komplett, die Familie geht endlich müde und kaputt in ihrem Zelt ins Bett.

# Müllabfuhr

Die Leute von der Müllabfuhr, machen jede Woche die Müllbeseitigungstour. Sie können uns Menschen damit sehr beglücken, sonst würden wir wohl bald im Müll ersticken. Trotzdem wird wie verbissen überall in die Landschaft Müll geschmissen. So wie manche Menschen Hunde hassen, weil sie so nebenbei etwas fallenlassen, meist gerade in den Parks sind überall Tüten und Entsorgungsbehälter, was die Hundebesitzen auch meist gut in Anspruch nehmen. Die Menschen, die ja Meinungsmäßig viel klüger sind als die Tiere, sich entsorgen, wo sie gehen und stehen, obwohl sie überall Mülleimer sehen. Es gibt so viel Strafgesetze und Vorschriften, trotz aller Strafen, liegt überall Müll. Wir leisten uns Menschen, die uns hinterher räumen, Straßenfeger und Straßenreiniger so ist es halt in dieser sogenannten ersten Welt, Sauberkeit kostet eben Geld. Alles ist gut getarnt eingeplant. Nur kein Müll vermeiden sonst müssen die Müllentsorger nachher leiden.

# Hausmannskost

Ob Süd, West, Nord oder Ost, jeder schwört auf seine Hausmannskost. Ob im Norden Steckrübenmus oder im Bayernland, Leberkäs und Knödel alles hauen wir uns in den Schädel. Die Deutschen als Weltreisende haben schon überall Feuer geschürt, sämtliches essbares ausprobiert. Schlangen oder Elch, Oktopus oder Thunfisch, Hai oder Wal, heut ist uns ziemlich alles egal, selbst Krokodil, Wachtel oder Elefantenfleisch uns ist beim Essen kein Tier mehr heilig. Selbst beim Essen haben wir es nur eilig. Wir sind Langnasen, die in unserer schönen Welt mit dem Essen aasen. Von Esskultur haben wir Deutschen keine Spur. Wie einige ordinär sagen es kommt eh alles in einen Magen. Italien, Frankreich und sogar die Dänen mögen gut gern und lange Essen sich selbst und ihre Gäste verwöhnen und auch gerne bei Essen trinken und klönen.

# Das Buch

Das Buch, das seines gleichen sucht, es ist zwar nicht so gut, für jedermann geschrieben, doch gerade das ist ja so etwas was wir Menschen so abgöttisch lieben. Ein Nischenprodukt, das aus der Masse hervorlugt. Das Knistern muss man spüren, es sind Themen, die uns Menschen berühren. Wir wollen es zwar haben, doch nicht jedem damit das Wasser abgraben. Jeder kann mit den Gedanken aus seinem Geist, meist sehr dreist Menschen mit sich ziehen ohne sie sonderlich zu Beknien. Diese Art Menschen mit seinem Schreiben zu hofieren wollen ja viele probieren, doch es gelingt den wenigsten. Das richtige Thema muss es schon sein, das gräbt sich dann auf Dauer in die Gehirne der wirklich interessierten ein. Leute für gewisse Themen zu begeistern ist eine Kunst nur so erobert man die Lesergunst. Jeden will man ja nicht unbedingt erreichen, man such als Schreiber mit seinen Gedanken, seines gleichen, ohne von sich selber abzuweichen.

# Verdacht

Wie soll man sich verhalten, bei einem Verdacht? Eigentlich haben die Leute noch nichts gemacht, im Raum steht nur ein Verdacht. Suchet, wer nichts findet, worauf ist so ein Verdacht eigentlich begründet. Auf Zeugenaussagen? Oder aus Ideen entstanden, weil die Ermittler einfach nichts fanden? Es wird überall gekramt und herumgerührt und doch hat es zu keinem

Ergebnis geführt. Eine Straftat, ein wichtiges Puzzleteil, hat einer den anderen gehetzt und eigentlich nur seine Duftmarke gesetzt. Es geht einem nicht in den Kopf hinein, da muss doch ein Beweis zu finden sein, oder einfach nur gezockt und auf die falsche Fährte gelockt? Einen Verdacht auszusprechen, ist manchmal nur etwas, um sich an jemandem zu rächen, doch das geht eine Nummer zu weit und ist eine ungehörige Unhöflichkeit. Es übersteigt schon manchmal des Verdächtigen Kraft, zu sitzen in der Untersuchungshaft. Ein Verdacht zur Ernsthaftigkeit ist damit wohl erbracht.

# Die Kneipe

Die Kneipe ist mein Erholungsort, da bringt mich so leicht keiner fort. Sie ist auch meine Sportanlage zur körperlichen Ertüchtigung. Bekommst du doch bei einem Bier erst den richtigen Schwung, noch einen Schnaps dabei das bringt Dir mehr als Kilometerlange Lauferei. Denn bei so langen Wegen hätte ich nach einer halben Stunde wohl schon flach gelegen. In der Kneipe zu sitzen rund um die Uhr da gibt es von Schwächeln keine Spur. Hier kannst du reden, lachen, singen und dich auch schon mal aus dem Gleichgewicht bringen. Medaillen gibt es zwar nicht an diesem Ort, für so einen tollen Dauersport. Die Frauen brauchen nicht zu klagen, ich hör nur was die Ärzte sagen, da braucht auch keiner abzuwinken, die Verordnung lautet nur trinken, trinken, trinken mindestens drei Liter am Tag und wer nicht so viel mag, der wird weiß Gott nicht lange Leben, drum lass uns heut noch einen heben.

# Fortbewegen

Wir sollten uns mal langsam überlegen, wie wir uns in Zukunft fortbewegen, Verbrennungsmotoren sind von gestern und nur noch für Senioren. Atom, Strom und Wasserstoff? Vielleicht wären der Pferdewagen und der Eselskarren mal wieder dran? Auf dem Wasser ist das Segelboot ja auch noch nicht aus der Mode gekommen. Schubkarre und Bollerwagen, Fahrrad, Roller immerhin macht ja vielleicht noch Sinn. Rentier oder Hundeschlitten sind mittlerweile sehr umstritten. Unsere Erde bietet so viel Energie an, die wir ja auch nutzen, doch der Mensch ist der größte Energieverschwender. Gerade in unserer Welt wird immer aus dem Vollen geschöpft, irgendeiner wird doch einmal den Riegel davorschieben. Dann ist keiner mehr da der uns begleitet und wir sind noch nicht einmal vorbereitet. Wir wollen und können keinen Schritt zurück gehen, aber bewusster mit der Energie umgehen, damit alle Menschen genug haben das wäre doch schon schön.

# Essen

Die Menschheit hat gewisse Macken, Essen, Kochen oder Kuchen backen. In früheren Zeiten hat man noch das Gefühl besessen, nach einer gewissen Zeit, nach Bedarf etwas zu Essen. Heute ist man stets bereit alle drei Stunden ist Essenszeit. Um danach sich durchzuringen das verdaute wieder weg zu bringen. Aus einer Schüssel könnten wir es verschlingen, um es in einer Schüssel wieder fortzubringen. So zeugt doch nicht von gutem Stil, zum Leben brauchen wir nur halb so viel. Langsam sollte uns der Gedanke ereilen, das Essen in der Welt besser zu verteilen. Dies wäre doch eine Gute Gabe, das jeder etwas davon habe. Wir sind doch Tag für Tag am Ringen, die überschüssigen

Pfunde, für teures Geld wieder herunterzubringen. Also F.d.H (Friss die Hälfte) und wie gesagt nur Essen, wenn man es wirklich braucht und mag. Befreien wir uns von den Macken, den ganzen Tag nur Kochen und Backen. Ihr werdet stutzen, dann müsst ihr auch die Schüssel weniger benutzen.

# Wohnung

Eine feuchte Wohnung bedarf einer Schonung, oder ganz genau eine Komplettsanierung vom ganzen Bau. Das kostet nun mal richtig Geld, das ganze Haus wird auf den Kopf gestellt, sonst macht die Feuchtigkeit sich richtig breit. Die meisten Menschen, die so ein Haus bewohnen, haben kein Geld und keine Zeit, da macht der Frust sich richtig breit. Man muss das Kind bei Namen nennen, abreißen, abbrennen, ausziehen und abhauen oder Geld klauen. Oder für das Haus das nasse eine Bausparkasse. So ein feuchtes Haus birgt ja auch mit den Jahren viele Gefahren. Pilz und Hausschwamm und alles was man nur erdenken kann. Wie eine scharfe Mine, ist so eine feuchte Bauruine. Meist ist so ein Umstand, Pfusch am Bau, billige Feuchtigkeitssperren, die sich im Laufe der Jahre auflösen, als wäre nie eine Sperre dagewesen. Wer einmal so etwas erlebt hat, wird nächstes Mal darauf achten, dann muss er später dem Baumeister nicht nach dem Leben trachten.

# Erlebte Geschichten

Ich erzähle euch gerne meine Geschichten, aus meinem interessanten bewegten Leben kann ich so viel berichten. Als Kind und männlich vom Herrgott auserkoren, eigentlich zum

Arbeiten geboren. 47'er Baujahr, Nachkriegskind ungelogen von jüngsten Kindesbeinen an zum Arbeiten erzogen. Rüben- und Kartoffeln ernten und alles was man als Erntehelfer beim Bauern so machen musste. Im Elternhaus natürlich auch Futter für die Tiere ranschaffen und alles was auch irgendwie für Menschen essbar war nach Hause bringen. Es waren viele hungrige Mäuler zu stopfen, wir waren fünf Kinder. Jeder hatte seine Aufgaben, Schule war nur am Rande wichtig, der Lehrer war schon beschwichtigt, wenn man ab und zu in seinem Garten half. Es gab von ihm mal ein Heft zum Schreiben oder es wurden auch mal die nicht gemachten Hausaufgaben übersehen. Manchmal wurde aber auch gleich ausgezahlt, mit Prügelstrafe.

# Missgunst

Man muss immer auch an sich selbst feststellen einer gönnt dem anderen nichts. Jeder hat doch mit sich selbst zu kriegen, als anderen etwas beizubiegen. Ob Essen und Trinken oder bei anderen Genüssen, selbst möchte man dies alles uneingeschränkt genießen, anderen aber alles am besten vermiesen. Es einteilen, sie bevormunden, keiner möchte sich gern etwas sagen lassen, was er zu tun oder zu lassen hat. Ein Eigenständiger Mensch, will und soll doch bitte schön selbst entscheiden was er machen möchte. Doch selbst darauf geschulte Menschen wie, Ärzte, Psychologen, Beamte, Richter oder Polizisten und so weiter, möchten den Menschen suggerieren was sie zu tun oder zu lassen haben aus deren Sicht. Der Mensch sieht es nicht ein, auch wenn es aus deren Sicht Richtig oder Falsch ist, selbst bei Strafe muss der Mensch selbst entscheiden was er macht. Strafe hält den Menschen auch nicht von seinem Tun ab.

# Sparen

Seit Jahren kann man sich das Sparen eigentlich sparen, keine Zinsen kein Ertrag, genau das was der Normalbürger eigentlich beim Sparen so mag. Sparbuch, Sparstrumpf oder Spardose unsere Ideale als Bürger gehen voll in die Hose. Vom sauer verdienten etwas zurückzulegen, hat ja meist keiner etwas dagegen, für Urlaub oder ein paar anstehende Anschaffungen, doch bei dem Wort Zinsen, fängt selbst der Bänker an zu grinsen. Es lohnt sich nicht, doch andere Anlageformen kommen für den Normalbürger nicht in Frage, egal wo man spart es ist einfach nicht die feine englische Art. Man muss das Sparen wohl neu erfinden, mit Geld, Geld zu verdienen ist wohl nicht unser Ding, mit Geld zu spekulieren ist für unser Kleingeld auch nicht gedacht. Also weiter anschaffen, auf Pump und Ratenzahlung, rate mal wann so etwas bezahlt, dann wenn es verschlissen ist. Doch beim Jahrelangem sparen wird das Geld ja auch immer weniger.

# Freifahrtschein

Für uns Menschen muss es Meinungsmäßig sein, jeder braucht einen Freifahrtschein, für all sein Tun, nicht nur in Bussen und Bahnen, nein ihr werdet es sicher schon Ahnen. Alle Vorstellungen der Menschen ihr Tun und handeln, sich als Herrscher zu verwandeln. Keine Strafen bei Gesetzesverstößen, jeder kann machen was er will, alle schweigen still. Ab sofort brauchen wir keine gesetzlichen Vorgaben und Regeln, jeder kann nach seiner Fasson durchs Leben segeln. Alles wird aufgehoben, jeder ist seines Glückes Schmied. Doch ein Mensch ohne Verbote und Regeln, Zeiteinteilung, Ordnung und Regelmäßigkeiten, nein diese Vorgabe muss schon sein, wir können einfach nicht umgehen mit so einem Freifahrtschein. Man sieht es bei den Menschen, die meinen mehr zu haben als der Normalbürger, nicht alle können mit solchen Privilegien umgehen. Können alles kaufen, sich alles erlauben, doch auch bei solchen Menschen hat der Freifahrtschein seine Grenzen.

## Wetterfrösche

Das Suggerieren der Wetterfroschgestalten, den Menschen in der Spur zu halten, pauschal das Wetter zu beschreiben, nein man muss schon über- oder untertreiben. Man hört oder sieht ja schon als schöne Pflicht den täglichen Wetterbericht. Gerade wie jetzt sehr heiß, ohne Scheiß, immer anzuregen, in den nächsten Minuten, Stunden oder Tagen, kommt vielleicht oder bestimmt, der Langersehnte Regen. Etwas Abkühlung, Atempause von der Hitze, die Pflanzen warten darauf, werden sich in Nullkomma nichts erholen, unser Wasservorrat wird aufgefüllt und jedem so der Durst gestillt. Der Wetterfrosch wird als erstes die Psychologie erlernen, dem Menschen Lust auf die Wettervorhersage zu machen, auch wenn diese später darüber lachen. Es ist in den letzten Jahrzehnten ja so geworden uns mit bunten Bildern uns beim Wetterbericht zu versorgen, damit wir es spannend finden, ich finde es mittlerweile spannender als jede Quizsendung. Welchen Preis man gewinnt sieht man erst später, hatte der Wetterfrosch recht oder war er der Lügenpeter.

## Bäume schneiden

Obstbäume beschneiden, soll man möglichst nicht vermeiden, weil sonst die Ernte darunter leidet. Wenn man einen Gärtner bestellt, kostet es meist schon etwas Geld also schneidet man selbst den sogenannten Laubenpieperschnitt, doch das machen die Bäume nicht lange mit. Es ist schon eine Wissenschaft für sich, wenn man einen guten Ertrag möchte und tolles Bio-Obst dann muss man schon investieren, da gibt es kein probieren. Will man keine Entartung, brauchen die Bäume eine jährliche Wartung. Gesundes Obst aus dem eigenen Garten, darf man für sorgfältige Pflege schon erwarten. Des Freizeitgärtners stolz, sind gesunde Erträge aus dem eigenen Obst Holz. Sollen die Bäume nicht länger leiden, belege ich jetzt einen Kurs im Obst Holz schneiden.

# Im Alter

Findest du im Alter nicht mehr den richtigen Ton, brauchst du eine Begleitperson. Man braucht auch gar nicht so hämisch lachen, wenn alte Menschen einmal unter sich machen, auch wenn jeder sagt man spinnt im Alter wirst du wieder zum Kind. Auch wenn die jüngeren noch so gaffen, wenn die Muskeln langsam erschlaffen, es ist bei jedem Menschen im Alter das gleiche, ob arme oder reiche. Jeder Mensch fühlt sich sehr betroffen doch der Ausgang ist noch offen. Man kann vor dem Altern nicht wegrennen oder die Zeit verpennen, ob Onkel, Tante, Bruder oder Schwager, im vorgerückten Alter ist man schon das reinste Ersatzteillager. Zähne, Ohren, Augen oder Haare es zählen eben doch die Jahre. Arme, Rücken, Hüften oder Knie, als Greis merkst du den Verschleiß, doch heute ist fast alles reparabel, es ist alles eine Frage des Preises, so jetzt weißt du es. Alte Leute sind für die Kreuzfahrer doch die große Beute, sie verfahren ihr Geld durch die ganze Welt. Bei den Kojoten wird alles angeboten, die alten werden ohne Qualen, gerne alles bezahlen. Wer weiß auch wie lange hat man noch auf dieser Welt also weg mit dem ersparten Geld. So lasst die Alten leben und ihr Geld ausgeben, denn genau das war ihr streben das ganze Arbeitsleben.

# Wahlen

Das kann doch wohl nicht sein, auch die Neinsager stimmen mit uns ein. Vor dem wählen können sie ja viel erzählen, keiner wird sich wahrheitsgemäß offenbaren, so geht es doch schon seit Jahren. Da ist die geballte Kraft der Wählerschaft, es hat doch keinen Sinn, zu wenig gehen wirklich hin. Die nicht dran sollen werden gewählt, weil ja jede Stimme zählt, die Außenseiter gehen alle hin und nur so macht es Sinn. Nur bei 100% Wahlbeteiligung, bekommt man die echte Meinung des Volkes. Die Faulheit der Leute ist die wahre Beute. Menschen mit Verstand, haben alle Meinungen in der Hand, denen sind die Nichtwähler Recht, nur so geht es uns gut oder schlecht. Es gab schon andere Zeiten, da konnte das geschlossene Volk eine Willensmeinung verbreiten. Doch das ist lange vorbei, es gibt nur noch Meckerei. Die Masse kann nur noch kleckern und nicht mehr klotzen. Vorbei ist der Markt, nur Einigkeit macht uns stark.

# Der Tag

Der Tag um 12 ist kaum zu glauben, kann die Zeit sich es so einfach erlauben, da kommt sofort ins Spiel, das menschliche Zeitgefühl. Auf die Zeit der Uhr kann man sich auch nicht immer verlassen, die Zeit ist ja nicht einfach so zu Erfassen. Die Zeit hängt doch von vielen Faktoren ab, das soll man nicht verkennen und das gar nicht so knapp. Die Zeit passiert zwischen Himmel und Erde, zwischen dunkel und hell, manchmal langsam, dann einmal wieder schnell. Nein die Uhrzeit ist immer gleich, da gibt es kein Arm oder Reich, kein langsam und schnell ob dunkel oder hell. Die Zeit und die Zeiten verändern sich, genau wie das Wetter, Zeitlos ist so eine Erfindung der Menschen und Zeitgeschmack aber das Zeitgefühl hängt auch mit der Uhrzeit zusammen. Zeitgeschichte und die Geschichte der Zeit haben auch ein ganz anderes Kleid. Man benutzt so einfach das Wort Zeit, doch was ist der Sinn, es steckt einfach mehr darin. Die Zeit auf der Uhr verfolgt eine ganz andere Spur. Es ist der Zeitraum zwischen Sonnenaufgang und Sonnenuntergang, das Maß der 24 Stundenrechnung.

# Der Frühling

Die Kälte kommt mir noch entgegen, der Frühling blinzelt eher verlegen. Die Sonne scheint hervor, wenn sie es schon schafft, da verspürt man ihre Kraft. Die Tiere schon in Hochzeitsstimmung, die Pflanzen treiben Knospen aus und wir gehen wieder gern hinaus. Jeder macht jetzt eine gute Figur, da schmeckt und fühlt man die Natur. Die Menschen haben wieder mehr Elan, der Frühling hat es uns angetan. Überall erwacht jetzt neues Leben, es kann doch gar nichts schöneres geben. Die Gärtner werden schon aktiv, als wenn die Erde sie zum Pflanzen rief, jedes Jahr zur gleichen Zeit hält man sich für den Frühling stets bereit. Unsere innere Uhr bringt uns für den Frühling in die Spur. Es sind wie im Meer die Gezeiten, die uns auf die Jahreszeiten vorbereiten, dagegen wollen und können wir uns gar nicht wehren. Lasst uns diese Zeit Genießen, wenn wir sehen es überall wieder Sprießen.

# Lebensfreude

Man braucht sich nicht zu schämen, die Lebensfreude kann mir keiner nehmen. Die Versuche sind vielfältige Verfehlungen, werden einem vor- oder hinterher geworfen, doch nur mit einfachem Ausweichen kann man manche Anschuldigungen nicht annehmen oder hinnehmen, meist mit C'est lavie, so ist das Leben, sollte man nie aufgeben, die Wogen werden sich meist wieder glätten. Das Leben ist ein auf und ab, wie das Meer. Man kann nur überleben, wenn man seine Lebensfreude nicht verliert auch im Alter gibt es den Run, man arbeitet daran, aufgeben heißt ableben. Wir lassen es noch einmal krachen, einfach weiter machen. Wenn es auch einmal ein Holzweg ist, einfach weitertasten, irgendwann kommt wieder eine feste Straße, wenn ich mich auch noch so verstecke, die Lebensfreude lauert hinter jeder Ecke. Nicht schämen nur annehmen.

# Wörtlich

Man sollte die Redensart der Menschen manchmal nicht zu wörtlich nehmen, ob in Hamburg, Australien, Bayern oder Bremen. In diese Zwänge sich hineinzudrängen, ich finde dabei einfach keinen Zusammenhang, solche hergelaufenen Aussagen machen mich krank. Nicht nur die Menschen sind verwirrt, unsere ganze Sprache ist doch sehr gestört, die ganze Menschheit will sich rächen, nur noch eine künstliche Sprache sprechen. Nur noch der Computer versteht was hier bei den Erdenbürgern abgeht. Wir lassen uns darauf ein, dass die Maschinen uns beherrschen, sie verstehen eben diese künstliche Sprache, da sind wir genau in diesen Zeiten der Verständigungsschwierigkeiten. Alles kommt so langsam ans Licht, einer versteht den anderen nicht. Selbst die Lehre in der Schule hat kein Lerneffekt, das manuelle Lernen wird immer mehr abgespeckt, es spiegelt wider den maschinellen Effekt.

## Leben und leben lassen

Jeder Mensch und sei es noch so eine lächerliche Figur, ist dem Reichtum auf der Spur. Sein ganzes Leben lang mit allen Mitteln haben es oft, wenn auch nicht aus eigener Kraft, zu manch ansehnlichem Reichtum geschafft. Doch ein einzelner Mensch braucht eigentlich kein Vermögen, Essen und Trinken satt und was man sonst noch so hat. Er lässt es auch manchmal krachen, um sich das Leben leichter zu machen. Sonst braucht man nicht viel, selbst ein Leben im großen Stil, Elend und Not macht sich doch meist nur breit, bei dieser verdammten Faulheit und Lustlosigkeit. Manche Menschen, die ihr ganzes Leben nur herumlungern, lassen wir im Staate ja auch nicht verhungern. In Ordnung ist das nicht, jeder Mensch ist er noch so lustlos oder faul kann zumindest seinen eigenen Lebensunterhalt verdienen. Irgendeine Arbeit gibt es für jeden. Aber was soll man sagen, wollen wir nicht klagen. Leben und leben lassen das ist besser als zu hassen.

# Aufmerksamkeit

Um Aufmerksamkeit in unserem Leben scheint es unheimlich viel zu gehen. Um sich gleich vorzudrängen, kann man sich mit Goldketten und Edelsteinen behängen, Ringe an den Augen, Nasen, Ohren, Händen und an vielen Körperöffnungsenden. Etwas Farbe im Fell übersieht man nicht so schnell, rot am Mund, an den Nägeln von Hand und Fuß das ist ein Muss. Immer zum Piercing und Tattoo gehört dazu, aber auch im Freizeitsport tingelt man durch die Welt an jeden Ort. Den höchsten Berg, das tiefste Wasser, da wird sogar der Profi etwas blasser. Mit Fortbewegungsmitteln jeglicher Art, gehen wir überall an den Start, am besten schneller höher weiter so erklimmen wir noch die Himmelsleiter. Viel sind dabei ums Leben gekommen, doch wir machen immer weiter. Feuer spucken, Säbel schlucken, mit dem größten Fernglas in das Weltall gucken, Riesenbäume abholzen, mit dem Fußballspiel viel Geld verdienend sich durch die Welt bolzen. Kreuzfahrten zu horrenden Preisen, so ein paar Monate durch die Welt reisen. Partys auf den schönsten Schiffen, einkaufen in den besten Häusern, viel Geld, Sex und saufen, oder in New York einen Marathon laufen. Man kann sich natürlich auch mit seinen Blüten in der Wüste einen Parkplatz mieten.

# Ableben

Wofür die Menschen so Geld ausgeben, die älteren von ihnen denken krampfhaft über ihr Ableben nach, da sind sich sogar viele gleich, ob alt ob jung, brauchen unbedingt eine Sterbegeldversicherung. Was dem Menschen so alles im Kopf herumschwirrt, wie man selbst einmal beerdigt wird. Wir brauchen gar nicht so anzugeben, unsere eigene Beerdigung werden wir nur tot miterleben. Heute wird zu Lebzeiten schon, ein Konto für diesen Fall angelegt, das ja alles bezahlt wird und in Ordnung geht. Wir Menschen dulden auch nach dem Tod keine Schulden. Einige denken gerade bei diesen Dingen, irgendwer wird uns schon unter die Erde bringen, andere denken, nachher hat einer die Qualen, wer soll das bezahlen. Ich sage euch, wir haben schon lange und nicht erst jetzt ein Landesbestattungsgesetz, es regelt auch die Bezahlung der Beerdigung, also mach euch nicht immer so viele Gedanken, nach eurem Tod gerät die Welt auch nicht unbedingt ins Wanken.

# Egoist Mensch

Wie soll man es beschreiben, man möchte ja gern noch man Leben bleiben. Wen Soll man danach fragen, oder dies Geheimnis sagen? Den Herrgott anrufen, oder einfach gesund leben, positiv denken, keine Sekunde verschenken, immer mobil bleiben, es mit der körperlichen Arbeit nicht übertreiben. Sein Körpergewicht, gesundheitlich kontrollieren, nicht gerade zum ungesunden Leben verführen. Auch die eigenen Süchte tragen irgendwann Früchte, wenn man sie nicht begrenzt. Alkohol, Nikotin, Zucker und Salz. Wenn die Uhr abgelaufen ist, gibt es keine Macht der Welt, alle Räder stehen abrupt still, wenn der eigenen Lebenszyklus es dann will. Lebe dein Leben, genieße jede Sekunde, du brauchst nicht immer eine große Partyrunde um dich versammeln, um auch mal fünfe gerade sein zu lassen und einmal so richtig abzugammeln. Jeder Mensch wünscht sich doch dazu sehr viel Glück, für jeden positiven Augenblick. Der Mensch ist zu jedem Zeitpunkt auch meist Egoist, ist das Wetter noch so trist.

# Gedanken

Ich möchte dem Menschen Artikel schenken, um schon beim Lesen Quer zu denken. So auch beim Rückblick vorzuschreiten, wie bei früheren Zukunftszeiten, etwas vor oder nachzubereiten. Die Hände werden feucht und klamm, das Gehirn schaltet auf Notprogramm. Ich kann diesen Gedanken nicht ganz folgen, doch bei dem Verspäten, einfach so den Rückzug antreten, wollte ich ja gern vermeiden, lieber eine kurze Zeit einfach einmal durchleiden. Ich kann und will zwar nicht unhöflich sein, sie gehen in meinen Kopf nicht rein, das darf nicht sein. So bleiben die Gedanken doch allein im Raum, man glaubt es kaum. Man müsste sie einfangen, um das Wissen der Gedanken zu erlangen. Was will der Schreiber bloß bezwecken, vielleicht das Wissen der Gedanken wecken? Wissen was vielleicht noch keiner weiß, oder gibt man das Wissen nur beim Quer denken preis. Es Preiszugeben, das ist wahrscheinlich zu trist, weil es vielleicht ein Geheimnis ist. Man müsste es erraten, erforschen oder erzwingen, aber was soll es bringen? Keiner weiß doch so genau was es ist und deshalb, gibt es auch keine Frist. Auch bei noch so viel Schwund, keine großartige Fristverlängerung. Den meisten ist so ein Wissensdurst, ja auch völlig wurscht. Je mehr man weiß, je mehr es gibt man letztlich Preis. Denn Wissen ist Macht und nichts wissen mach auch nichts.

# Gespräche am Kneipentresen

Diese Gespräche am Tresen, sind eh und je interessant gewesen. Alles kommt nach ein paar Zungenlöser auf den Tisch. Ob Arbeit, Sexualität oder eine Portion Fisch. Mit Sicherheit auch die Gewerkschaft, das liebe Geld und unsere Politik. Jeder Gast ist der wichtigste und wird auch von Wirt kräftig unterstützt, das treibt den Verzehr und das Trinkgeld drastisch in die Höhe. Jeder zufriedene Gast ist ein guter Kunde, fühlt sich ernst genommen und wir auch immer wiederkommen, kommt vor allem jeden Tag, weil der Wirt ihn ja so mag. Die Kneipe ist auch ein Heimathafen für unverstandene Menschen, es gibt bloß immer weniger alteingesessene Wirte, die ihre Gäste, deren Familie und deren Werdegang kennen zusätzlich eine soziale Ader haben und deswegen auch gutes Geld mit der Kneipe verdienen. Die Leute finden s gut und schön, kann der Gastwirt mitfühlend auf jeden seiner Gäste eingehen. Es kostet viel Kraft, wie ein Vollblutgastwirt es schafft. Manchmal auch mit Alkohol und starken Nerven, Lebenserfahrung und einen guten Leumund, leicht und locker aber eben kein Abzocker.

# Party

Wir sind schon etwas älter, doch der Drang ist geblieben. So eine Party ab und zu, haben wir uns schon verschrieben. Gut Essen, Trinken und fröhlich sein, so ist man Mensch, da passt man hinein. Einige Freunde sehen es ebenso und sind darüber auch sehr froh. Das Kneipenleben ist längst vorbei, das tägliche Rauchen und auch von der häufigen Trinkerei ist man ziemlich frei. Manchmal will man es noch wagen nach ein paar Monaten wieder Party mäßig zuzuschlagen. Vergessen sind die Tabletten, dort wo es zwickt und zwackt, hat die Gicht und das Rheuma heute verkackt. Wenn wir auch ein paar Tage nicht sprechen, der Kater darf sich dann ruhig einmal für das Entgleiten rächen. So eine Party darf sich aber auch nicht wehren, da müssen wir ja ein paar Monate von zehren. Wir Menschen sind ja nicht immer so vollkommen, jeder wird nach so einer Party auch richtig auseinandergenommen. Verfehlungen, die ja sehr menschlich sind, verbreiten sich dann sehr geschwind. Wie bei unseren Politikern wird so etwas einfach ausgesessen, bis zur nächsten Party ist alles wieder vergessen.

# Ich 15 Jahre

Die Welt wie ich sie sehe, da kommt keiner an mich ran, zurzeit kotzt mich einfach alles an. Kein Bock in der Schule, kein Geld und keine rechte Lebenslust. Wenig Freunde, die meisten sind blöde, es fragt nicht einer, wie es mir geht. Vielleicht haben die Jungen in meinem Alter auch ihre eigenen Probleme. Ich möchte halt gern ein Moped oder einen Roller, rot so richtig krass, damit mach ich die anderen bei Rallys richtig nass. Mit so einer Karre, werde ich in den Pausen über unseren Schulhof sausen, nein lieber nicht, ach blöder Einfall, so ein Dreck, nachher nehmen sie mir das Moped noch weg. So könnte ich endlich, wenn ich den Führerschein schaffe, nach so vielen Jahren mit mir selbst spazieren fahren. Aber echt alles Bullengerecht. Vielleicht finde ich einen Kumpel oder eine Kumpeliene, die mitzieht. Ich möchte nur noch, damit mich nicht noch mehr so doof begaffen, mit ner guten Note meine Prüfung schaffen. Einen Job finden, der mir Spaß macht, damit es auch mit der Kohle so richtig kracht. Ohne Geld keine Unabhängigkeit. Dann ziehe ich erst mal von zu Hause aus, nehme mir ne eigenen Bude, dann mache ich was ich will. Ich bin schon ganz schön aufgeregt, Hauptsache das es mit der Kohle geht. Wenn dann die Arbeit ist, noch Spitze, bekomme ich von meinem Chef meine selbstverdiente Stütze. Auf der Arbeit noch coole Kollegen, dann geht es mir gut, endlich ein Leben hoffentlich ohne Wut. Dann hat mir keiner was zu sagen, wird wohl im Arbeitsleben eine Wunschvorstellung bleiben. Heute brauch ich nicht mehr träumen von Aufräumen, meine Bude halte ich selbst sauber, alles Top, hab sogar meinen eigenen Mopp. Das habe ich mir alles von Mutter, Vater, Oma und Opa abgeguckt, das weiß ja keiner. Wie meine Eltern einmal bei mir waren, haben sie angenehm geguckt. Es hat sogar nach Essen gerochen, oh der Junge kann sogar kochen. Na klar, ich esse ja auch gerne. Bei MC Doof, ist es ja auf die Dauer auch zu teuer. Jetzt kann ich jeden Tag bei mir kochen, hier in meiner Bude sein und lade mich jeden Tag zu meinen liebsten Speisen ein. Die Kollegen oder auch die Freundin können zu jeder Tag- und Nachtzeit kommen. Irgendwann, das ist doch klar, werden alle meine Träume wahr.

# Nestbeschmutzer

Die Leute vom Bau, sind schon eine eingeschworene Gemeinschaft. Sie schwören Stein und Bein, lassen nur gelernte Kräfte in ihre Zunft hinein. Das ist schon lange nicht mehr so, es ist im Keller das Niveau. Viele ungelernte Kräfte, auch aus dem Ausland, drängen schon lange auf den Markt. Angelernte, die beherrschen einfach nicht die Norm, wissen meist nicht einmal, worum es geht. Der Pfusch am Bau hat Maße angenommen, die wir Bauleute nicht mehr in den Griff bekommen. Doch viele gelernte Kräfte sind abgewandert, weil zu viele ungelernte einem ins Handwerk pfuschen. Für solide Handwerkskunst ist keine Zeit mehr und die wenigsten möchten diese auch honorieren. Heute kommen Kolonnen, die in kurzer Zeit Häuser erstellen, jede Kolonne macht einen Teil des Baues, immer die gleiche Arbeit, meist im Akkord, für Pauschalpreise und in schlechter Qualität. Doch, ehe der Pfusch auffällt, ist alles zu spät. Es muss teilweise so viel vorab bezahlt werden, wenn der Bauherr dann mit manchen Arbeiten nicht zufrieden ist oder etwas zu bemängeln hat, dann kommen die Firmen einfach nicht mehr. Man sitzt dann in einem halbfertigen Haus und es ist sehr schwer jemanden zu finden der es fertigstellt, meist fehlt dann auch das Geld, um es fertigstellen zu lassen. Dann dauert es fast bis zum Grabe mit der Schlüsselübergabe. Bauen das ist keine mache, sondern eine Vertrauenssache, aber woher weiß man es, wenn man doch gerade das erste Mal baut und dem Architekten und der empfohlenen Baufirma vertraut. Es sollte doch das Traumhaus werden und wir doch oft eher zum Alptraum.

## Morgentoilette

Mein Mann ist ja sonst sehr rege, aber geht es um die Körperpflege, lässt er sich alle Zeit der Welt. Nach dem Aufstehen, es macht mich schon ganz krank, erst einmal der Toiletten Gang. Gnädige Frau sollte schon die erste sein, sonst kommt sie vorläufig nicht mehr ins Bad hinein, und vor allem nicht auf die Toilette, was mein Mann, wenn er im Bad ist, nicht so gerne hätte. Im ganzen Haus nur ein WC, das tut weh. Weil es ja ganz schön in die Kasse haut, wird nichts mehr umgebaut. Der Toilettengang, ist ja noch nicht vorbei, jetzt geht es los mit der rasiererei, fünfzehn Minuten hin- und her rutschen, und dann auch noch sorgfältig die Zähne putzen. Handtuch und Seife ausgebreitet, wird der Duschgang vorbereitet und dann eingeleitet, das geht verhältnismäßig schnell. Das Abtrocknen geht dann wie ein Massageduell, von den Haarspitzen bis zu den Zehen, verbiegen und verdrehen. Dann noch die drei Haare trocknen, das ist auch ganz schön so mit dem Föhn. Ist man schon am Rumlärmen, kann man gleich seine Muskelpakete geschmeidig machen durch das Erwärmen. Dann kommt, aber ja nicht zu hastig die allmorgendliche Gymnastik. Jetzt wird in verschiedenen Lagen, Creme und Lotion ganzkörperlich aufgetragen. Nägel reinigen noch eins zwei drei, noch ist das Badezimmer nicht frei. Noch etwas Deo, ein bisschen Haarspray, die Haare zurechtgelegt, dass der Wind sie ja nicht gleich durcheinander weht. Endlich öffnet sich die Badtür, ungelogen da bin ich aber noch nicht angezogen. Das kann noch etwas dauern, bis man endlich so nach einer Stunde in die Küche kommt. Guten Morgen mein Schatz. Jetzt zum Frühstückessen, wird meist noch so eine Stunde rumgesessen, mit etwas Zeitung anlesen. Als Pensionär, erlaubt man sich es eben und nicht im Laufschritt, wie früher im Arbeitsleben. Jetzt erst kann der Tag beginnen, doch wie schnell die Stunden verrinnen, wie hat man das dieses alles nur geschafft als man noch zur arbeitenden Bevölkerung gehörte?

# Altenheim

Ein komisches Gefühl beschleicht einen schon, ein Aufbewahrungsort für alte Menschen. Man möchte sein Gewissen beruhigen, weil man noch in der Arbeit steht und die Zeit nicht hat sich um Vater, Mutter, Oma oder Opa zu kümmern, wiederum möchte man sie versorgt wissen, sei es mit Essen, Trinken oder Hygienisch und ärztlich. Man wohnt als Kind a nicht immer an dem Ort wo die Eltern leben. Plötzlich befällt den alten Menschen eine Krankheit, es liegt ein längerer Krankenhaus Aufenthalt an oder ähnliches und der Mensch kann sich nicht mehr selbst versorgen und muss dann rund um die Uhr betreut werden. Ein Altenheim ist zwar eine Lösung, aber ist es die richtige? Versündigt man sich an den Eltern, an Oma, Opa, Tante oder Onkel? Menschen, die einen aufgezogen haben, alles für einen getan haben. Jetzt brauchen sie unsere

Hilfe und keiner ist da. Ist das heute so in Ordnung? Viele Eltern wollen ihre Kinder ja auch nicht belasten, da diese ja meist auch eine eigene Familie haben. Sie kommen meist mit dieser Übergangslösung zurecht, sehe es aber auch als unendlich oder als Ende. Keiner spricht es aus und doch es ist die Endstation. Wahrscheinlich wird es uns auch ereilen, ein Übergangsort, um dort im alter zu verweilen. Ob man verliert oder gewinnt, im hohen Alter wird man doch wieder zum Kind. Manche werden sogar, gewindelt oder gefüttert, viele sind so weit weg und benommen, werden es gar nicht mehr mitbekommen. So ziemlich recht- oder willenlos sinkt man dann in Abrahams Schoß. Viele stehen schon freiwillig auf den Himmelsstufen und werden, ohne sich sehr zu quälen abberufen. So wertig und hoffnungsvoll hat unser begonnen und so wertlos, aber würdevoll endet es dann. Alle Errungenschaften und das Glück lässt man dann für die Nachkommen auf der Welt zurück.

# Theater

Ein Theater, mit einer Starbesetzung ist ja keine Pflichtverletzung. Eine quirlige Rasselbande, ist für eine Theaterbühne ja keine Schande. Das Publikum möchte im Theater was erleben, da sollten die Mitwirkenden schon ihr Bestes geben. So fühlt sich das Publikum sich auch angesprochen, kommt voller Emotion schon fast auf die Bühne gekrochen. Umsonst würde es bei so einem Job nicht heißen, man muss das Publikum mitreißen. Ein Theaterstück ist doch nur geglückt, stehende Ovationen und das Publikum spielt auf den Rängen verrückt, da wird auf die Stühle gesprungen mitgeschunkelt und mitgesungen. So ein Theaterstück, das liefe, das wäre schon der richtige drive. Die Masse Mensch bringt die

Atmosphäre, das ist dann für jeden Mitspieler auch eine besondere Ehre.

# Staatsrüge

Will man in unserem Deutschland den Staatsapparat rügen, muss man sich doch ganz schön verbiegen. Ob Wahrheit, oder nur eine Vermutung, denn deine Meinung zählt nur mit handfesten Beweisen und einer guten Begründung, nur mit einer angemessenen Prüfungsfrist auch zugelassen ist. Kommt dann heraus es ist alles nur gelogen und aus den Fingern gesogen, greift hab acht die Staatsmacht. Dann kommst du an deine Grenzen und es hat anwaltliche Konsequenzen. Nur mit Beweisen und Zeugen, muss auch die Staatsmacht sich dem Bürger beugen. Es ist zwar selten, aber es kommt schon mal vor. So ein Staatsapparat ist auch nur ein großer Arbeitgeber, wenn die Menschen, die dort arbeiten ihren Job nicht beherrschen oder ernst nehmen, gibt es Probleme. Wenn jemand dem Staatsdiener seine Rechte verklickert, ist bis dahin schon eine Menge Kapital versickert. Was wir nicht hoffen, dass nicht zu viele Fehlentscheidungen werden, getroffen. Es sind halt viele Menschen dabei, doch viele Köche verderben oft den Brei. Sind es zu wenig lass mich raten, bekommt jeder ein größeres Stück vom Braten. Es ist ja so, weniger Leute mehr Arbeit, wer mehr oder zu viel arbeitet macht natürlich auch eher Fehler. Ich denke, es gibt viele Menschen beim Staat, gerade in höheren Positionen, mit zu wenig Ahnung und noch weniger Leistung. Verantwortungsvoll arbeiten, eher gleich null, trifft einer zu viele Fehlentscheidungen, wird er entlassen, den Schaden, den er hinterlässt, braucht er so gut wie nie bezahlen. Er bekommt eine Rüge doch seine Pensionsansprüche bleiben erhalten.

# Bodenlos

Die Nachbarin geht zur Straße, um ihren Mülleimer wieder auf den Hof zu holen, der zuvor von der Müllabfuhr geleert worden ist. Der Mülleimer war jedoch beschädigt, der Boden fehlte. Die Nachbarin rief dann bei der Dienststelle an und beschwerte sich über die Beschädigung des Müllgefäßes, es wäre eine Bodenlose Frechheit den Mülleimer Bodenlos zurückzulassen. Die Dienstelle konnte es nicht fassen wie kann man nur so bodenlos sein und einen Bodenlosen Mülleimer zurücklassen. Wirklich eine Bodenlose Frechheit.

# Briefträger

Ein Briefträger komm von seiner Tour ins Postamt zurück, um neue Post zu holen, da sitzt einer und öffnet Briefe, die vor ihm liegen. Fragt der Briefträger wer er ist und was er dort macht? Der andere Fragt zurück wer er denn ist, na, der Briefträger und sie? Ich bin der Brieföffner.

# Grußlos

Ein Mensch betritt spontan fremde Räume, wird von den neuen Eindrücken so erschlagen, vergisst doch glatt guten Tag zu sagen. Der drinnen sitzt, der sieht ihn kommen, hat sehr wohl von ihm Notiz genommen. Es sieht ihn an so sehr verbissen, am liebsten hätte er ihn wieder rausgeschmissen. Doch es ist ein Laden und ein Kunde, der dreht verlegen seine Runde, möchte wahrscheinlich gar nichts kaufen, nur so sehend und träumend durch die tollen Räume laufen. Diesmal wurde er jedoch eingefangen und musste deshalb vor Neugier nach der Ware langen. Das hatte der Verkäufer ihm gar nicht zugetraut, ihm trotzdem immer wieder nachgeschaut. Grußlos ist er gekommen, es ist nicht zu fassen, hat dann doch noch etwas Geld für gekaufte Ware dort gelassen. Beim ersten Eindruck sollte man sich nicht so zieren, bei so einem tollen Laden kann so eine Reaktion schon mal passieren. Auf einmal ist es doch ein guter Kunde, kauft Ware ein fast eine Stunde. So großartige Sachen hat man selten gesehen, da kann man auch mal ohne Gruß von dannen ziehen.

## Mein Onkel arbeitet auf der Bank

Wenn ich zu meinem Onkel kam, saß er immer auf der Bank vor seinem Haus, hat Kartoffeln geschält, Erbsen ausgepullt oder Gemüse geputzt. Er hatte immer etwas zu tun. Wie es der Zufall so wollte, kam in der Schule einmal die Frage auf, welche Berufe in der Familie so ausgeübt werden oder wurden. Es war zu seiner Zeit in den fünfziger Jahren. Viele Mitschüler meldeten sich, mein Vater ist Kapitän, mein Onkel ist Malermeister, meine Tante ist Lehrerin. Jetzt kam ich dran, mein Onkel arbeitet auf der Bank. Der Lehrer fragte, spricht er dort auch mit vielen Leuten? Ja sagte ich. Der Lehrer: Dann ist er auch Bankberater? Ja wie mein Opa, der baut sie. Der Lehrer: Die Bankhäuser? Nein die Bänke. Ob er mich verstanden hat, weiß ich bis heute nicht.

# Hofhund

Der Hofhund unseres Nachbarn, von der gegenüberliegenden Straßenseite sucht, wenn er mich nur sieht das weite, das Tier hat irgendeinen Wahn, ich habe ihm noch nie etwas angetan. Vielleicht bin ich ja ein Hundeschreck, komischerweise läuft nur dieser Hund vor mir weg. Unter Freunden macht es ja die Runde, sie alle wissen ich mag keine Hunde. Die Tiere haben wohl auch das Gespür, der will gar nichts von mir. Gerade vor dem Hofhund des Nachbarn, habe ich großen Respekt und der läuft vor mir weg. Zu Hause, hängt er entweder im Zwinger oder draußen an der Kette und bellt vor sich hin, doch was hat das eigentlich für einen Sinn? Lärm machen, abschrecken oder die Nachbarschaft ärgern und ihre Ruhe stören? Viele Menschen haben Tierische Untertanen, brauchen einfach jemanden der vor ihnen Respekt hat, unterwürfig ist. Diese menschlichen Zwänge, treibt sie dabei selbst in die Enge. So sind beide voneinander abhängig. Diese Zuneigung, die sie von dem Tier erhalten brächten sie eigentlich von anderen Menschen.

# Der Bauer

Der Bauer, wollte abends zum Feuerwehrfest, ging aber vorher noch einmal in den Kuhstall, verabschiedet sich von seinen Kühen und sagte, macht bloß keinen Mist.

# Das Huhn

Es kam ein Autofahrer auf den Bauernhof und hatte ein Huhn dabei das er vorher überfahren hatte, der Autofahrer fragte den

Bauern, ob es sein Huhn wäre. Der Bauer antwortete, nein solche platten Hühner habe er nicht.

# Bank Tag

Zwei junge Männer gingen durch den Park, plötzlich sagte der eine, da sitzt mein Opa mit ein paar Kollegen. Sie gingen dort hin und der Enkelsohn fragt seinen Opa, nachdem er ihn freundlich begrüßte, hallo Opa was macht ihr denn hier? Der Opa sagte zum Enkel, wir haben heute wieder einmal unserer Bank Tag.

# Der Wachmann

Ein Wachmann muss auch mit der Waffe umgehen können, nun kam eine Situation, in der er die Waffe benutzen muss, kann es aber gar nicht. Ein Polizist kam ihm dann zur Hilfe und fragte den Wachmann, haben sie überhaupt schon einmal geschossen? Jo, ich bin schon mal besoffen über den Hof geschossen.

# Trauen und Vertrauen

Menschen kann man oft nicht trauen, nicht einmal sich selbst. So ist schon manchmal vorgekommen, man hat sich hundertprozentig etwas vorgenommen, doch dann ist doch alles anders gekommen. Beim Menschen weiß man es schon, es ist dann eine spontane Lebenssituation. Verlass auf Menschen ist sehr relativ, es kommen die Umstände dazu. Eine plötzliche Krankheit, der Bus ist nicht gekommen, das Auto hat gestreikt oder es kam ein spontaner Besuch, usw. Kann man diesen

Ausreden Vertrauen? Oder diesen Menschen trauen? Hat er diese Ausreden erfunden oder tatsächlich so erfahren? Ist es einfach nur eine Marotte der Menschen tolle Ausreden zu erfinden und diese glaubwürdig verpackt weiterzugeben? Eigentlich wäre es besser, die Wahrheit zu sagen, meist ist die Wahrheit eher peinlich und weist auf eigene Unzulänglichkeiten hin. Also rückt man sich mit einer toll erfundenen Ausrede, ins rechte Licht, um sofort wieder das Vertrauen zu erlangen. Wer sich darauf verlässt und vertraut der ist verlassen.

# Hormone

Der Mensch, ist doch ein Bösewicht, seine Sexualität und die Hormone bringen ihn manchmal aus dem Gleichgewicht. Wenn dann Hormone einmal überquellen, will er die Welt gleich auf den Kopf stellen. Die Wahrheit wird schnell übersehen, das kann ziemlich schnell schief gehen. Ist der Zug auch lange abgefahren, meint einem ist der andere zugetan, ist sogar bereit gleich alles aufzugeben, für diesen Moment die Welt aus den Angeln zu heben. Das wird sich schnell wieder geben, man wollte nur mal seine Gefühle ausleben. Ist der Mensch erst einmal wieder in der Spur, war es ganz lapidar ein Ausrutscher nur. Wollte bei den vielen Angeboten nur einmal die Chancen ausloten, für eine kurze Daseins Frist wie denn so sein Marktwert ist. Wie Menschen manchmal philosophieren, wollen aus Übermut einen Neuanfang probieren. Der Mensch merkt dann alsbald auch eine neue Beziehung wird ganz schnell alt. Der Mensch meint wohl, manchmal muss er auf die Piste für eine neue Beziehungskiste. Ich glaube ja das ist nur ein Gerücht, so etwas gibt es bei uns Menschen doch nicht.

# Berlin

Nach vielen Jahren Berlinabstinenz, bin ich neugierig auf diese Stadt, in der ich 23 Jahre gelebt und gearbeitet habe. Es wird nicht mehr das Berlin sein, welches ich vor meinem Weggang gekannt habe. Auch ein paar Freunde, die ich dort zurückgelassen habe, sind älter geworden, ich natürlich auch. Berlin ist Deutschlands Hauptstadt geworden, überall haben sich Polizisten niedergelassen und die Politik ist allgegenwärtig. Die Weltpresse ist dort jetzt wieder stark vertreten, die Normalbürger werden in die Außenbezirke verdrängt, allein schon wegen der horrenden Mieten. Das Volk passt nicht mehr zur Stadt, es ist eine Weltmetropole, eine Vielvölkerstadt geworden. Ein Tummelplatz für Immobilienhaie.

Auch die Mafia ist allgegenwärtig. Richtige Berliner gibt es nur noch beim Bäcker. Die Politik, Glanz und Glamour, haben die Stadt voll im Griff. Botschaften der ganzen Welt sind dort wieder vertreten. Viele pompöse Hotels und sogar neue Stadtteile sind entstanden. Der neue Flughafen ist jetzt wohl eröffnet, Tegel geschlossen. Milliarden sind verschleudert worden. Die Stadtautobahn ist auch endlich fertig. Baumaßnahmen des Bundes, sind immer noch reich in der Stadt vorhanden. Der Verkehrsverbund ist recht ordentlich gelungen.

# Alibi

Zu jeder Zeit und an allen Orten, muss man sich rechtfertigen und verantworten. Es ist schon beängstigend und wie man braucht immer Zeugen für sein Alibi. Zur Not muss man jede Lebenssekunde beweisen, wo und wie wir überall hinreisen. Selbst als reicher Pinsel auf eine einsame Insel. Sowie man in einen Rechtsstreit gerät, ist ohne das geforderte Alibi, alles zu spät, nur mit Zeugen kann man dem vorbeugen. Wir sind in diese Gesellschaft hineingeboren und müssen uns nach den gesetzlichen Regeln richten, mit allen Rechten und Pflichten. Wir werden heute 24 Stunden überwacht, ob ohne oder mit Verdacht, unsere Elektronik macht alles möglich. Der Telefoncomputer macht es möglich, es ist gewollt oder gesteuert, wer nicht mitmacht wird gefeuert. Wir wollen und können uns gar nicht wehren, sonst werden die Behörden uns beehren. Wir Bürger, der gläserne Mensch.

# Auswandern

Manchmal nimmt man es selbst gar nicht wahr, möchte auswandern vielleicht nach Amerika. Viel hat man schon davon gehört und hast sich nie ernsthaft daran gestört. Hier zu Hause in meinem noch jungen Arbeitsleben, einfach so auswandern, seine geliebte Arbeit mir nichts dir nichts aufgeben. Heute im Rentnerleben noch einmal so richtig abheben? Jetzt kann es einen ernstgemeinten Ortswechsel doch auch nicht mehr geben. Die Zeit ist doch schon lange vertan, der Zug, das Schiff sind doch schon abgefahren. Hinterher schwimmen, ist schon klar, doch wie weit ist Amerika? So kann man heute nur noch von so einem Abenteuer Träumen, es ist wohl so ein letztes Aufbäumen. Bleib im Lande und nähre dich redlich, auswandern so einfach ist wohl gar nicht möglich. Im Alter hat man plötzlich solche unmöglichen Ideen, Amerika wäre doch gerade für uns wunderschön. Heute kann ich darüber nur noch dichten über nicht erlebte Auswanderungsgeschichten.

# Menschenform

Der Herrgott hat jeden Menschen individuell geformt, jeder Mensch ein Unikat und nicht genormt. Am liebsten hätte der Mensch es in der Hand, klonen wird es wohl genannt. Viele Menschen gleicher Gattung, Aussehen, Fähigkeiten und mehr, dann hätten wie es sicherlich sehr schwer, manchen Sünder zu finden. Die Manipulation würde sich rächen, kollektive Strafen wären auszusprechen. Dann müssten wir jegliche Gesellschaftsform und die Gesetzt neu überdenken und uns eine neue Weltordnungsform schenken. Solche Visionen würden sich nur lohnen, wenn überall wieder Kaiser und Könige thronen. Leibeigenschaft haben wir doch erst mit gemeinsamer Kraft erst fallen lassen. Der Mensch ist mit sich und seines gleichen nicht zufrieden, trotzdem schließen sie sich zusammen in Großstädten. Der Mensch kann nicht mit Menschen leben aber auch nicht ohne. Der Mensch ist nie zufrieden ob zusammen oder geschieden.

# Spreu vom Weizen

Ich möchte die Spreu vom Weizen trennen, aber bestimmt nicht gerade die Zeit verpennen. Hier zu Lande ist dreschen das Zauberwort. So sind die Ausdrücke, für dies Arbeit verschieden, von Ort zu Ort. Dies kann man auch bei uns Menschen anwenden. Gute und böse Menschen, hübsche und hässliche, arme und reiche, alt und junge, dick und dünn, dumm und schlau, fleißig und faul, schnell und langsam. Wir können uns von der Natur, solange es sie noch gibt, eine Menge abgucken, aber wollen es nicht recht deuten. Die Menschen glauben, die Natur ist ihr Werk, nur wie sie ein paar Samen in die Erde streuen oder ein paar Bäume pflanzen. Sie irren, es ist allein Gottes Werk.

Die Menschen profitieren von dieser üppigen Natur und sollten lernen sorgfältiger mit ihr umzugehen.

# Feste feiern

Ein paar Leute haben sich zusammengefunden, um ein Fest zu feiern. Eine Hochzeit, einen Geburtstag oder eine Grillparty, um so ein Fest auch feierlich zu bekräftigen, muss man die Menschen ja auch irgendwie beschäftigen. Mit guter Musik und Tanz, Vorführungen oder Spielen. Jeder sollte sich einmal damit befassen und sich nicht so wie meist berieseln lassen. Gibt es keine Aktivitäten, sondern beim nächsten Fest nur Essen und Trinken wird sicherlich jeder abwinken. Da bemüht sich doch jeder Gastgeber und auch jeder Gast, dass die Klientel der Leute auch zusammenpasst. Es gibt immer Menschen, da kann man nichts zu sagen, die zum Gelingen eines Festes nichts Positives beitragen. Die nur so durch die Gegend pöbeln und zum Schluss noch die Leute vermöbeln. Doch überwiegend waren es immer schöne Feste, friedliche Gäste mit Witz und Humor, es kommt ja überall mal etwas nicht so Schönes vor. Die Außenstehenden wollen ja gerne wissen, wie es war, der ganze Pomp und Prunk, im Ganzen eine tolle Erinnerung.

# Gedanken

In jeder Sekunde fällt uns Menschen etwas Neues ein, es müssen ja nicht immer Katastrophen sein. Lachen und Weinen kann man schnell vereinen, Ideen bei Kaffee und Kuchen, vom Arbeiten und Reisen, oder Leben und Tod, man beschäftigt sich auch oft mit wichtigen oder unwichtigen Dingen, die einen zurückwerfen oder sogar mal nach vorne bringen. Du solltest auch wenn du viel Zeit hast, sie nicht so sehr vergeuden, mach etwas daraus, vielleicht auch nur ein paar Alltagsfreuden. Fahrrad fahren, Spazierengehen, Das Leben hat so viel zu erleben und schmecken man sollte es immer von neuem entdecken. Es ist so toll, wenn man nach einer durchschlafenden Nacht, gesund und munter, frisch, fromm, fröhlich, frei aufwacht, sich vom schlaftrunkenen Gefühl frei macht. Die Morgentoilette, von Kopf bis zu den Füßen so richtig genießen. Putzmunter an den Frühstückstisch, begrüßen, ein frisches Brötchen, eine Vollkornschnitte oder ein gekochtes Ei oder auch zwei, Kaffee, Tee, Milch oder Saft, manchmal sogar ein Spiegelei und Schinken. Wenn dann der Tag so toll beginnt, ist man voller Tatendrang, es geht egal was denn auch sei, wie von selbst- spielend von der Hand. Auch wenn man zu Hause ist, das Arbeitsleben hinter sich hat. Im Haushalt ist immer etwas zu tun, gerade wenn man ein Haus und Grundstück hat, Arbeit ohne Ende. Putzen, Mittag vorbereiten, Einkaufen, Auto waschen, Wäsche waschen, die Wäscheleine bestücken, bügeln, zusammenlegen, in die Schränke räumen. Im Garten gibt es auch immer etwas zu tun, egal zu welcher Jahreszeit. Etwas Büroarbeit fällt ja auch mal an. Nach Arbeit braucht man nicht zu suchen, jeder bekommt etwas ab von Kuchen, Badezimmer putzen, im Keller, Schuppen oder Garage ist immer etwas um- oder wegzuräumen. Wenn es einmal am Tag zu viel geworden ist, träumt man sogar nachts noch davon. Wir sind noch Menschen, die es mit der Arbeit übertreiben, eigentlich sollte doch für das ganze Jahr etwas übrigbleiben. Ein Urlaub oder zwei wäre auch mal wieder schön, endlich mal andere Menschen und eine andere Landschaft sehen. Sich einmal von vorne bis hinten bedienen lassen, die Seele baumeln lassen, einmal fünfe gerade sein lassen. Von solchen Erlebnissen kann man schon eine Weile zehren, soll sich dann aber auch nicht dagegen wehren. Zu

Hause ist man noch lange genug. Hat man dann mal etwas anderes gesehen, ein paar Wochen, ist die Sehnsucht und das nach Hause kommen wunderbar. Erst dann kann man sein zu Hause wertschätzen.

# Schreiben

Man kann ja schreiben was man will, schickt manchen auch in den April, nimmt allein durch seine Anwesenheit und Gott zum Gruß, in der Gesellschaft einen gewissen Einfluss. Hat vieles Auch kein Hand und Fuß, doch das geschriebene Wort als netten Gruß, spricht jeden an, ob Frau, ob Mann, wenn man es oft auch nicht wirklich deuten kann. Die Deutung ist meist Auf- und Zubereitung oder auch zur Geisteserweiterung. Die Zeitung macht es sich zwar zu eigen, will meistens die allerneusten Nachrichten zeigen. Die Medien sind so eingeschworen, wird eine neue Nachricht geboren, geht sie in Sekundenschnelle um die Welt, denn da geht es um viel Geld. Nur die ersten bringen den Krug zum Bersten. Der Zeitungsredakteur hat es in der Hand, er ist ja meist sehr Schrift Gewand, eine Nachricht ist nur gemischt mit Gift, für die erste Seite eine Überschrift. Das sind des Zeitungsschreibers Qualen, nur so hebt er die Verkaufszahlen. So muss man immer den Topf am Kochen halten, deshalb braucht man so viel kluge und findige Leute zum Verwalten. Schon bei einer Verfehlung ihrer Worte, schließt sich für immer die Pforte. Es ist schon eine Wissenschaft für sich, zerrt man die Wahrheit so ans Licht. Was möchte der Bürger, sehen, lesen und hören, da muss man dann die Meinungsmacher beschwören, sie bestimmen den Trend und hat man einmal den Anschluss verpennt, sind sie von gleich auf jetzt getrennt. Also wird sich jeder hüten, den Bürger Lügen einzutüten. Viele sind kometenartig hochgekommen und haben trotzdem ihren Hut genommen. In der Medienwelt verdient man gutes Geld und wird doch jeden Tag von neuem auf die Probe gestellt. Man möchte eigenverantwortlich und ehrlich schreiben, möglichst bis zur Pensionierung bleiben.

## Möbel von der Stange

Ich blättere, es ist wie ein Sog in einem Möbelkatalog. Dieser neuartige Möbelmensch ist gar nicht dumm, unser Leben mit dieser Art von Möbeln ist doch nur ein Provisorium. Damit kann man auch nicht viel verderben, womöglich auch noch weitervererben, bei dem Geschmack und den Möbeln von der Stange, halten sowieso nicht lange. Kostengünstig und auch so zu entsorgen, kann man auch niemals weiter verborgen. So ein Umzug halten die Möbel leider nicht Stand, zieht man um, steckt man sie einfach in den Ofen und sie werden verbrannt. Hat sich nach dem Umziehen die neue Wohnung dann gelichtet, wird sie von demselben Möbelhaus wieder neu und kostengünstig eingerichtet. Neue Wohnung, neue Möbel, da hört man höchstens von den neidischen Nachbarn das Gepöbel.

## Das bin nicht ich

Ich möchte anders sein, anders aussehen, anders reden, mein inneres und äußeres verändern, umdrehen. Ich fühle mich in meinem Körper nicht mehr wohl. Manipuliere mich mit Drogen und Alkohol, doch ich bleibe ich, mit allen Stärken und Schwächen, mein inneres möchte sich an mir rächen. Ich kann und will mit keinem darüber reden, ich werde es aufschreiben und dranbleiben. Ich fühle mich wohler, wenn ich es irgendwie erringe und zu Papier bringe, wenn ich es nicht erfasse, führt es mich womöglich noch in eine Sackgasse. Es bedroht mein Leben, bin eigentlich nicht so leicht bereit aufzugeben, möchte schon erleben, wie s vielleicht endet oder sich das Blatt noch wendet. Vielleicht bin ich dann wieder der alte, kann mich plötzlich wieder leiden, brauche mich nicht mehr verkleiden, Haare färben und mir den Geschmack verderben, mit Alkohol und Drogen, man hat sich dabei doch nur selbst belogen, lässt sich nicht binden, muss seinen Weg und sich selbst wieder finden. Ich möchte wissen wer ich bin, was hat das Leben sonst noch für einen Sinn? Wenn man nicht weiß, wo man steht, wenn vieles in meinem Leben daneben geht. Werde ich überhaupt gebraucht oder nur benutzt und meine Ehre dadurch beschmutzt? Wer beantwortet mir all dies Fragen? Muss oder kann überhaupt einer etwas dazu sagen? Vielleicht beantwortet es sich ja irgendwann von selbst, durch mein eigenes Handeln, wir sich alles von selbst wandeln, oder kann ich mit meinem Denken alles noch viel mehr verschandeln. Mit mir ist vielleicht die Zeit vertan oder neige ich vielleicht sogar zum Größenwahn. Haben andere vor mir es gleichgetan, es von mir abgeguckt. Irgendwann werde ich alles bereuen und mich wieder na mir selbst erfreuen. Das es ist wie es jetzt ist und alles so gekommen ist. Ich bin heute froh und es ist gut so. Die Zeit habe ich einfach gebraucht, es hat schon geschlaucht, wahrscheinlich habe ich es gerade so gebraucht. Heute finde ich es wieder toll, mein Leben, auch die Aggressionen haben sich jetzt fast ganz gegeben. Ich kann plötzlich wieder aufrecht gehen, meine Eltern und Mitmenschen verstehen. Früher habe ich das alles gar nicht so gesehen, doch früher ist früher und heute ist heute. Ich habe diesen Schritt im Nachhinein nicht bereut, es war wohl eine Lernphase und keine Sprechblase, so einen Lebensabschnitt machen so bewusst nicht viele mit. Man muss sich jetzt davon abwenden und keinen

Gedanken daran verschwenden, es auch nicht huldigen oder sogar entschuldigen. Jetzt geht es wieder aufwärts und wieder geradeaus. Vom Lernen wird man sich wohl nie Entfernen, Wissensdrang und Wissensdurst wird einem hoffentlich niemals Wurst. Vielleicht bin ich ja etwas anders geworden, aber ich bin wieder ich selbst, hab das schlimmste vermieden und bin wieder mit mir zufrieden.

# Hähnchen essen

Die Uhr ist gerade nach halb drei, wir gehen in die Hähnchenbraterei, dort suchen wir uns ein halbes Hähnchen aus, Bärbel, Lisa, Dieter und Klaus. Wir setzten uns drinnen gemütlich hin, denn draußen ist es schon sehr kalt, also macht es dort keinen Sinn. Bier und Brause sind dabei, sogar eine Suppe Leipziger-allerlei. Den Salat hat der Kellner wohl vergessen, wir waren schon eine halbe Stunde am Essen, sind nun fertig und satt. Wir wollen nun bezahlen, doch nicht den Salat, den er ja nicht mitgeliefert hat. Erst muten wir bezahlen, eher gab es keine Reklamation, entweder sollten wir den Salat streichen oder eine schriftliche Reklamation einreichen. Also alles unter Ulk verbuchen und so schnell wie möglich das Weite suchen. Das Essen hat uns sonst so weit geschmeckt, zehn Finger haben wir uns abgeleckt. Beim nächsten Mal steht uns ja frei, suchen wir uns eine andere Hähnchenbraterei.

# Blödsinn

Wie kann man Blödsinn definieren, ich möchte es einfach mal probieren. Bei so viel Blödsinn, steckt auch ein Sinn darin. Wer

Blöd ist, sieht keinen Sinn darin, es aufzudröseln, Blödsinn machen oder schreiben auch einmal oder mehrmals zu übertreiben. Beim Blödsinn hält nicht jeder still, weil keine wirklich Blöd sein will. Wer Blödsinn schreibt, oder Blödsinn redet, lässt sich die Sache gerne schmecken, kann darin sogar so manche Botschaft verstecken. Blödsinn verbreiten mit bedacht, hat manchen ja auch Spaß eingebracht. Blödsinn kann man weitergeben, auch Blödsinn gehört zum Leben. Es gibt viel Freude bei solchen Sachen, einfach einmal Blödsinn zu machen. Blödsinn macht jeder Mensch einmal, vom Kleinkind bis zum Greis ist auch zu hoch der Preis, Blödsinn ist dann nicht mehr schön, wenn unkalkulierbare Schäden entstehen. Beim Blödsinn, ganz im Vertrauen kann man wunderbar Aggressionen abbauen, ohne jemanden zu sehr zu verletzen, kann man auch mal auf Blödsinn setzen.

## Das Osterfest

Osterfest ist keine Frage, das sind die Osterfeiertage. Der Christ braucht gar nicht rumzueiern, da werden wir Christi Auferstehung feiern. Wer das nicht weiß, der ist ein armer Sünder, trotzdem sind wir alles Gotteskinder. Ein Fest das alle Christen bewegt ist auf den ersten Sonntag nach dem Frühlingsvollmond festgelegt. So genau braucht man es nicht wissen, wer nicht daran denkt wird Ostern schon vermissen. Jetzt ist der Frühling am Erwachen, die Natur lässt es so richtig krachen, die Blüten und Pflanzen uns förmlich entgegen lachen. Es ist eben Auferstehungszeit, die Natur zeigt wieder ihr jungfräuliches Kleid. Es ist schon fast wie Gott befohlen, um endlich wieder Frühlingsluft zu holen. Die Vogelwelt stimmt ihr Liedchen an, sich jeder daran erfreuen kann. Die Menschen finden es wunderschön, viel feiern und Spazieren gehen. Sie ziehen an ihr schönstes Kleid, schließlich ist ja Oster- und Frühlingszeit.

# Reisen

Überall auf der Welt hat man mich angetroffen, ich war für jeden Blödsinn offen, ob Kneipe oder Tanzvergnügen oder schnell mal Kaffee trinken auf der Insel Rügen. Ein Abstecher mit dem Flugzeug in eine andere Welt, als junger Mensch hatte man ja das Geld. Ein Trip bis kurz vor den Mond, ob sich so eine Strapaze heute noch lohnt? Mein Arbeitspensum war immer groß, da fühlte ich mich wie in Abrahams Schoß. Die Freizeit war schon sehr zu begrüßen, auf Reisen lag mir der Watzmann zu Füßen. Selbst Mönch, Eiger und Jungfrau in der Schweiz war wunderschön, das ganze Bergmassiv habe ich mir angesehen. Bereiste Europa vom Nordkap bis Venedig, da war man ja auch noch ledig. Den Ostblock, das konnte keiner fassen habe ich komplett ausgelassen. Das hochgepriesene Amerika, für mich kein Reiz, war niemals da.

# Unsere Welt

Langsam ist es wohl zu spät, dass die Welt sich immer nach unserer Nase dreht, ab heute ist die Welt es Wert, machen wir es einmal umgekehrt. Dass die Welt sich jetzt endlich einmal wehrt ist schon zu merken, die Unwetter reißen alles weg was so auf der Erde gebaut wurde. Stürme, Wassermassen und Feuer machen alles platt, ich glaube die Erde hat uns Menschheit satt. Wir Menschen haben uns an der Natur und Tierwelt versündigt, die Natur lässt es sich nicht mehr gefallen, sie schlägt zurück. Wir spielen uns als Herrscher und Beherrscher der Welt auf. Das waren wir nie und werden wir nie werden. Die Naturgewalten zeigen uns die Grenzen auf, wir wissen es alle, doch unsere, kriminelle Energie, beutet die schöne Welt gnadenlos aus. Nur wenige hindern uns daran, doch die Natur und der Herrgott strafen uns ab, nach seinen Vorgaben. Irgendwann holt sich die Natur alles zurück.

# Wissensdurst

Bei vielen Kommunalen Feiern oder Familienfesten, wo sich viele kennen, laufen Menschen wahllos durch die Reihen um die gekommenen, bekannten Menschen, Gesichter visuell abzuscannen, alle werden durchgenommen. Sie werden ausgefragt, mit den Augen abgetastet, man möchte vieles oder am besten alles wissen, gerade weil man manche über Jahre nicht gesehen hat. Der Wissensdurst derer die am Ort geblieben sind ist immens, jeder wird ausgefragt. Ob es den Leuten passt oder nicht. Da keiner unhöflich sein möchte, werden die meisten Fragen beantwortet. Vieles neue und neuste Nachrichten, gehen wie ein Lauffeuer durch unseren Ort, es wird alles wiederholt, Wort für Wort. Menschen leben nun mal von der Kommunikation, sonst verkümmern sie. Alle Feste werden wahrgenommen, um an neue Informationen zu kommen, so stillt man seinen Wissensdurst.

# Im Garten

Im Garten erlebt man immer Überraschungen, einmal ist der Maulwurf aktiv, mal die Katze, dann die Vogelwelt, die mit verlorenen Samenkörnern das Land bestellt. Die Eichhörnchen pflanzen Haselnüsse, die weiße Fliege macht sich über den Kohl oder Kohlrabi her. Tauben holen die Erbsensaat und die gelegten Bohnen wieder aus den Beeten. Merkt man es früh genug kann man ja nachlegen. Die Feldmäuse sich aktiv, fressen sehr gern die Wurzeln der Kulturpflanzen an. Im Hochsommer verfärbt sich der sonst so sattgrüne Rasen braun, doch sowie der Regen unser Land mit Wasser benetzt, ist er sofort wieder grün. Im eigenen Garten kann man sehr schön die Natur beobachten, so kann man auch behutsam Pflanzenschutz betreiben, vielleicht mit Brennnesseljauche gegen weiße Fliegen oder einer Vogelscheuche gegen die Vogelwelt.

# Erzähler

Einige Menschen brauchen sich nicht lange quälen, haben immer etwas Interessantes zu erzählen. Viele Erlebnisse im Leben. Die Erfahrung daraus kann man ja mit gutem Gewissen weitergeben. Von Reisen, Speisen, von Gut und Geld, von allgemeinem Wissen auf unserer schönen bunten Welt. Ob Sonne oder Frost, ob Fastfood oder Hausmannskost, von Bayern bis zum Nordkap, kennen auch aus dem Garten Eden jeden. Was gibt einem die Erfüllung? Frieden, Gesundheit, ein gutes Ein- und Auskommen. Viele Prüfungen im Leben hat man schon überstanden, manchmal kam die Glaubwürdigkeit am Menschen schon abhanden, Enttäuschung und manchmal sogar Lebensmüdigkeit, machten sich breit. Plötzlich wieder Sonnenschein, eine positive Einstellung zum eigenen Leben und zur Gesellschaft. Solche großen Bewegungen kann es im Leben immer wieder einmal geben.

# Toilettenzeitung

Das Essen und die Zubereitung, gehört nicht in die Toilettenzeitung. Höchstens wie wir hier auf Erden, das Essen und die Rückstände möglichst umweltfreundlich wieder loswerden. Man braucht sich aber auch nicht zu quälen und nur Scheiße zu erzählen, das kann man sich schenken. Lieber sollten man über Geschmeidigkeit nachdenken, vielleicht über die frühen oder späten Poeten. Schreibt man in diesen Zeiten tolle Witze oder Sachen, um auf dem Örtchen lauthals loszulachen, ist es wohl auch nicht so angenehm, vielleicht für einen daneben sitzenden Zuhörer wohl eher unangenehm. Mancher schwört doch Schwüre auf diese Lokoslektüre. Was möchte man denn nur Lesen in so einem Dunstkreis? Eigentlich möchte man doch dort nur ein paar Minuten verbringen und sich dann vom Topf herunterschwingen. Das Interesse ist wohl doch nicht so groß, ist der hinter Körper nackt und bloß.

# Oskar

Einen Oskar für mein fleißiges Schreiben werde ich wohl nicht bekommen, jedenfalls habe es mir im Moment noch nicht vorgenommen. Vielleicht reicht meine interessante Schreibkraft für eine interessierte Leserschaft. Ich möchte meine Gedichte und meine meist selbst erlebten Geschichten interessierten Lesern berichten, wer kenn mich schon hat von mir und meinen Geschichten gehört, wird so auf meine Erlebnisse schriftlich eingeschworen. Ein paar Bücher zur Probe gibt es schon im Buchhandel oder in der Bücherei, hoffentlich seid ihr interessierten Leser mit dabei und findet in Burgis Büchererlebnissen und Geschichten manch interessante Dinge. Vielleicht gibt es parallelen, jeder kann doch Geschichten aus seinem Leben erzählen. Spontane Erlebnisse werden schriftlich meist erst gut. Vielleicht findet sich auch jemand wieder in diesen Geschichten und kann dann spontan von diesen berichten. Nur Mut und alles wird gut.

# Schweigen

Mancher Mensch schweigt still, obwohl er etwas sagen will. Auch wer schweigt kann Antwort geben, so ist es nun einmal im Menschenleben. Auch der Verschwiegene kann auf Fragen Antwort geben, zwar nicht akustisch, doch mit Mimik und Gestik, ob Zustimmung oder Ablehnung, kann man durchaus erkennen, sogar sauber voneinander trennen. Ob ja ob nein oder vielleicht, den anderen sehr wohl erreicht, das Bewusste Schweigen zermürbt andere Menschen. Wenn man nichts mehr sagen kann, schweigt man sich eben an. Geradeso eine Schweigeminute hat etwas Mystisches, wie die Ruhe vor dem Sturm. Schweigen als Therapie, Schweigen im Arbeitsleben ist oft erforderlich, gerade wenn man sich sehr konzentrieren muss. Schweigen auf Dauer kann auch krank machen. Der Mensch hat das Bedürfnis sich mitzuteilen, manche führen sogar Selbstgespräche.

# Gewinner oder Verlierer

Es gibt Menschen, die bekommen ihr Leben nicht in den Griff, sind immer mit einem Bein auf dem sinkenden Schiff, doch irgendwie machen sie ihr Ding und bekommen immer noch einen Rettungsring. Ziehen auch noch andere Leute mit in ihre Probleme hinein, wollen in ihrem menschlichen Chaos nicht allein sein. Machen Schulden ohne Ende, es kommt niemals irgendwie die Wende. Es ist ihnen auch egal, dann sind sie eben asozial. Im Falle eines Falles, dass Sozialamt bezahlt, ja alles. Für diese Menschen ist Arbeit Ausbeutung und gar nicht modern, von jeder Arbeitsleistung halten sie sich fern. Unser Sozialstaat beutet nicht nur sich aus, sondern auch die Bürger, unsere Grundrechte sind so lang und ein endloses Gummiband. So langsam reißt es uns das Ruder aus der Hand. Wer soll diese sozialen Kosten noch erwirtschaften und bezahlen? Arbeit ist Leben aber viele wollen Leben ohne Arbeit.

# Leben erleben

Ich möchte in der letzten Runde des Lebens noch viel Positives erleben, meine sichere Heimstadt aufgeben. Was soll man mit den angehäuften Sachen machen? Keiner will das Gerümpel haben, auch nicht mal als milde Gaben. Nur vielleicht Bargeld zählt noch in unserer Welt, alles andere Erinnerung an ein arbeitsreiches Leben, jetzt will man es aufgeben? Ich kann es ja vielleicht überdenken, wer es möchte verschenken. Doch die Pietät im Raume steht. So lange Lebenszeichen, die Familie erreichen, wird sich dazu keiner äußern. So lange alle Leben wird sich keiner zu erkennen geben, dann kommt vielleicht die Übervorteilung oder die Benachteiligung, eigentlich braucht es auch keiner, nur die Neugier der Zugehörigkeit als Erinnerung, wer gibt das Startsignal, wenn es nicht stört, wird es lange überhört

# Klamotten

Ich habe ein paar Klamotten aus dem Netz bestellt, die Passform war, dass nach meiner Größe auch manch einer der die gleiche hat aus dem Anzug fällt. Klamotten muss man eben sehen, anfassen und sofort anpassen. Die Preise sind verführerisch, doch Millionen gehen so über den Tisch, man braucht es gar nicht, aber der Preis ist heiß, es ist nicht gerade schön auch keine besondere Marke, eben das ist die Harke. Billigheimer bekommt man zum selben Preis auch hier am Ort, doch viele Kollegen haben so schon bestellt eben für wenig Geld. Es hängt im Schrank und wurde noch nie angezogen. Alle schimpfen unsere heimischen Läden machen zu und das ist der Clou, gerade die Schreier kaufen sind zu faul einmal zum heimischen Markt zu laufen. Unsere Garderobe kommt in die Jahre, jetzt kaufen wir meist nur noch Ramsch Ware. Ein paarmal tragen und entsorgen.

# Schnäppchen

Angeblich und ohne Scheiß, in unserem Land gibt es das Leben und den Lebensunterhalt zum Schnäppchenpreis. Es ist seit wir den Euro haben alles sehr überteuert, da werden dann die Waren manchmal zum Schnäppchenpreis raus gefeuert 30, 50, 60, 70 % keiner den Preis so richtig beim Namen nennt, angeblich sind wir deutschen sehr reich und haben in der Welt keinen Preisvergleich. Einige wenige haben eben sehr viel Geld, doch um das normale Fußvolk ist es sehr mies bestellt. Das Wohnen und die Nebenkosten sind schon einmal der größte Posten. Gehen Mann und Frau voll arbeiten, ist es machbar jeder muss mit seiner Habe haushalten, dann wird es auch mit dem knappen klappen. Ein Realer Haushaltsplan hat es uns angetan, die Menschen reden auch viel Scheiß, kein Leben gibt es zum Schnäppchenpreis. Jeder muss sich irgendwie unterhalten und sein Leben mit dem was er hat verwalten.

# Traum

Man träumt davon, von dem zu träumen, die Affen sitzen auf den Bäumen, da sollten doch die Vögel sitzen, jetzt können sie nicht unters Blätterdach und müssen in der Sonne schwitzen. Die Tierwelt muss sich schon arrangieren und es einfach mal wieder zusammen probieren. Es klettern ja nicht überall Affen auf den Bäumen, nur in manchen Urwäldern, sonst müssen wir es schleunigst ändern, jeder bekommt etwas von Kuchen sonst müssen die Affen sich eine andere Behausung suchen. Für unsere Artverwandten müssen wir schauen, zur Not auch helfend eine Behausung bauen. Die Tiere sind halt separat, wir bauen keinen Affenstaat. Sie werden bei uns im kühlen sich gar nicht richtig heimisch fühlen. Noch haben wir unsere Vogelwelt bis jetzt einigermaßen gut bestellt, wir wollen unseren jährlichen Vogelzug noch besser pflegen, was unsere Bauern gar nicht gerne mögen, sie fressen uns die Felder leer, zuletzt haben wir für uns Menschen gar nichts mehr.

# Haustiere

In Deutschland gibt es sehr viele Menschen, die Haustiere halten, es ist eine breite Palette, Katzen, Hunde, Ratten, Mäuse, Pferde, Esel, Strauße, Lamas, Ziegen, Kaninchen, Schafe, viel Federvieh, Hühner, Reptilien, Wachteln, Perlhühner, Pfauen, Papageien, sämtliche Vogelarten, Fische in kleinen Teichen. Nutztiere hält der Normalbürger so gut wie gar nicht mehr. Nur die Bauern, sind aber meist Mastbetriebe. Herkömmliche Bauernhöfe, wo alle Nutz- und Haustiere gehalten werden, gibt es höchstens mal vereinzeln, für Ferien auf dem Bauernhof. Die Industrie für Haustiernahrung boomt, sie machen Milliarden Umsätze, der Bürger kann kein Futter für die Tiere herstellen, es wird alles in Tierfuttermärkten angeboten. Die meisten Bürger, auch wenn sie noch ein eigenes Haus und Grundstück besitzen, haben auf dem meist kleinen Grund und Boden, Rasen und Ziergehölz, fast keiner mehr Nutzgarten, vielleicht ein Kräuterbeet. Das war es aber auch schon.

# Die Tauben

Man sollte es nicht glauben, viele Menschen stehen auf Tauben. Für den Bauern, Gärtner und Kleingärtner eher ein Greul, in Schwärmen können sie schon großen Schaden anrichten. Sie zerstören alles was für sie Essbar ist. Frischen Salat, alle Kohlsorten Erbsen, Bohnen, sämtliche Kornsorten und Beeren. Doch die Tauben Freunde setzen sich unermüdlich für ihre Tauben ein. Es gibt viele Ausstellungen Weltweit, es werden Wettbewerbe veranstaltet auch Taubenrennen genannt. Natürlich auch Wettbewerbe für die hübschesten Tauben. Nachrichten werden auch immer noch mit Brieftauben versendet, heute eher aus Hobby. In NRW nennt man sie auch liebevoll Taubenkasper, Taubenzüchter sind schon sehr fanatisch, haben meist pompöse Taubenschläge, fast schon Taubenhäuser. Tauben haben eine Lebenslange Bindung an ihren Heimatschlag. Beim Taubenrennen, sitzen die Besitzer Tagelang im Taubenhaus, um das Ankommen zu dokumentieren. Es geht schließlich auch um Preise. Nun ja, jedem das seine.

## Das Leben, leben

Es gibt viele Menschen die wollen ihr Leben, Leben, freuen sich wie Bolle, koste es was es wolle. Haben sich zwar bis über die Ohren Verschuldet, aber Schulden sind ja keine Hasen, sie laufen nicht weg, Zwei, drei Riesen im Jahr, dafür machen sie jedes Geschäft was ihnen angeboten wird, ob Legal oder Illegal, Hauptsache es bringt Geld. Alles andere ist ihnen Egal, Scheißegal. Viele brauchen da schon einen Persönlichen Rechtsanwalt. Es wird alles möglich gemacht an Geld zukommen. Drogen, Prostitution, Raub und Mord, manche Menschen lassen sich, so Kriminalisieren, machen einen auf Doof und haben es im Nachhinein gar nicht so gesehen. Nur um Momentan gut zu leben, im Knast kann man dann darüber nachdenken. Dabei braucht der Mensch doch gar nicht viel um zu überleben, oder sogar gut zu Leben. Essen und Trinken, eine Arbeit, eine Wohnung, ein Bett und die ewige Gesundheit. Einen Haushaltsplan, um das Geld was man zur Verfügung hat optimal einzusetzen. Doch der Mensch ist Unersättlich, möchte nicht, sondern will immer mehr, soviel das es ein Mensch in seinem Leben nie ausgeben kann, Hauptsache haben. Die Gier der Menschen ist eben Unermesslich.

# Das Fehlen einer Eigenschaft

Was fehlt einem Menschen, Mensch zu sein? Ja eben diese Eigenschaft, diese Eigenschaft ist meist der Schlüssel zum Erfolg. Es gibt viele Menschen, die Erfolg haben oder schon hatten, sehen es als ihren Verdienst an. Das ist es eben nicht, da spielen wohl viele Faktoren eine Rolle, es ist der Umgang mit den Kollegen, den Kunden, dem Einfühlungsvermögen, der eigene Wille und Überzeugung von seinem tun. Alles dem Zufall und dem Quäntchen Glück zu überlassen, ist zu wenig. Es muss Verlass auf sich und sein Umfeld sein, daran sollte der Mensch arbeiten, dann hat der Mensch Spaß am Leben und an seinem tun. Das kann man auch auf seinen Arbeitsplatz übertragen, dass Anvertraute Werkzeug und Kapital, als Führungsposition, auch die Belegschaft. Viele Menschen begreifen das Leben gar nicht, leben so drauflos, geben ihrem Leben keine Struktur, lassen sich ins Leben schubsen, geben ihr Glück aus der Hand und überlassen vieles dem Zufall, wundern sich höchstens, dass ihre Wünsche nicht in Erfüllung gehen, bewegen sich fast wie im Luftleeren Raum. Jeder Mensch sollte sein Leben schon selber in seine Hand nehmen, es ist ja nun mal sein Leben. Zeige deinem Leben was du möchtest.

# Der Name ist Programm

Wenn der Mensch sich erst einmal in seinem Leben einen Namen gemacht hat, möchte er immer mehr, wächst über sich hinaus findet keine Bande mehr, dann braucht mancher Hilfe, die ihn auf die Erde zurückholt. Weil nicht jeder Mensch mit so einer Situation zurechtkommt, brauchen diese Leute Hilfe, meist sogar Ärztliche Hilfe, mit dieser krankhaften Erscheinung haben viele zu kämpfen, können mit Ruhm und Ehre nichts Anfangen oder deuten es falsch. Diese Menschen werden zur Gefahr für andere Menschen und auch für sich selbst, können es einfach nicht Einordnen, dass sie nur delegiert sind als Führungsperson zu fungieren, doch wenn der Mensch zum richtigen Zeitpunkt sein Gehirn nicht einsetzt, seine Schwächen und Stärken erkennt war es das schon, dann bricht das Kartenhaus zusammen, obwohl man sich diese Position schwer erarbeitet oder sogar ergaunert hat. Wir sollten immer daran denken, ohne die Gesellschaft wären wir ein Nichts, ein Sandkorn in unserem Universum. Also bei allen Vorhaben erst das Gehirn einschalten.

## Was darf sein?

Es darf sein, auch wenn es nicht sein kann, jeder Mensch steht seine Frau oder seinen Mann. Auch wenn es noch so blöd ist, alle Menschen haben nur eine begrenzte Daseinsfrist, sicherlich in unserem sonst so friedlichen Beisammensein, muss es wohl auch einmal Ausraster oder Randale geben. Es ist ja nur ein kleiner Einblick, Hauptsache man kommt nicht mit dem Gesetz in Konflikt. Gerade in der Gruppe, im Rudel schmeißt mancher schnell einmal einen Pudel, so lange es keine kriminellen Formen annimmt werden solche Leute kurzerhand überstimmt. Es ist ja auch kein Problem, sonst wird es auf längerer Sicht leicht auch mal Unangenehm. Für Menschen gibt es keine Norm, jeder sucht und hat seine Individuelle Lebensform. Manche von uns Menschen bekommen ihr Leben anscheinend nie in den Griff, bewegen sich mindesten mit einem Bein auf einem sinkenden Schiff, doch nur Mut am Ende wird noch alles Gut.

# Im Park

Bürger im Park. Im Park da ist der Teufel los. Die Parks in den Städten, sind die grüne Lunge für die Bürger, die gute Stube zum Auftanken, Tag und Nacht zu jeder Zeit, zum Auftanken nach einem erfolgreichen Arbeitstag, nach der Schule, eben für Jung und Alt, am Wochenende, mit der ganzen Familie zum Grillen, Sonnen und Dösen, oder um frische Luft zu Atmen. Vieles ist möglich nur keine Verschmutzung. Diese üppigen Filet Grundstücke mit Rasenflächen und Baumbestand, macht das Stadtleben erträglich und wohl doch erst möglich. Dieser Erholungsraum zieht natürlich auch den Mobb an, Kriminelle, Drogensüchtige, Alkoholiker, doch die Ordnungshüter sind allgegenwärtig. Alle Probleme können auch sie nicht lösen.

# Fragestunde

Man könnte, um nicht viel zu sagen, den einen oder anderen Fragen, vielleicht um sich ein Ziel zu setzen, ob Bürger auch dagegen hetzen. Immerhin die Spaßgesellschaft macht doch Sinn, oder? Eine Begebenheit, ein Witz, eine Geschichte, auch aus den Medien skurrile Berichte., zufällige Tollpatschigkeiten, auf irgendwelchen Plätzen, zur Unchristlichen Zeit als Bericht mal Abzusetzen, was Leute darüber so hinter den Kulissen schwätzen, möchte man gerne wissen, doch hab acht was so ein Menschenkind unbeobachtet in der Freizeit macht! Hallo es ist Privatsphäre, habe die Ehre. Es könnte hohe Wellenschlagen, was solche Spanner sich da wagen. Da schwillt manchen schon der Kamm, dabei geht es doch nicht um Hundert Gramm. Es ist schon alles gläsern, doch solche Vorhaben sind weiß Gott nicht mehr zum Lachen, was die Paparazzi machen. Auch wenn wir manchmal Überziehen, so sind wir nun einmal gediehen. Der

Mensch ist nun mal so, will alles wissen was passiert, die Neugier hat Ihn angeblich verführt. Doch das krasse, er gibt es nicht zu, taucht unter in der Masse. Klasse.

# Sonnenaufgang

Für manchen ist es eh zu spät, wenn man erst nach dem Sonnenaufgang aufsteht, man den Arbeitstag erst so spät Startet und wird Sehnsüchtig vom jedem schon erwartet. Kommt so etwas dann öfter vor, schießt du dir damit auf die Dauer nur ein Eigentor. Solche Zuverlässigen Leute, sind für jeden Chef die größte Beute. Ist auch für die Arbeitende Bevölkerung nicht gerade ein Motivationsschwung. Es ist für uns Menschen, eine verfluchte oder verdammte Pflicht so eine Vierundzwanzig-stunden Schicht, viele Überstehen es über Jahre, die meisten aber nicht. Irgendwie kann man es schon Verstehen, wenn solche Schichtarbeiter, Tage oder sogar Wochenlang die Sonne nicht sehen. Viele machen sich keinen Kopf um unsere Fleißigen Heinzelmännchen, doch sie verdienen Täglich ein Ständchen. Milch, Butter, Eier, Käse, Schinken und verschiedenerlei zum Trinken, die Lebensmittelindustrie, Karren alles heran, in vielen langen Nächten, was wir Menschen, täglich Essen möchten. Gerade die Krankenhäuser, Altenheime und die Stadtwerke mit Gas, Strom und Wasser, funktioniert dort etwas nicht, werden die Menschen schnell einmal blasser. Bleibt diese Hilfe aus, oh Graus. Doch in dieser unserer hektischen Zeit, ist man trotzdem nicht zu Kompromissen bereit.

# Lob und Tadel

Das Können des Menschen, gerade auch der Kinder, spielt schon eine große Rolle. Wer gut in der Schule ist und mit dem Lernen mitkommt, hat keine Probleme Getadelt zu werden. Das sind gute Gründe, für ein späteres Studium, oder ein mehr oder weniger Problemloses Arbeitsleben, ein sicheres Auftreten, hat man doch auch nur wenn man etwas vorweisen kann. Eigenes können, gute Zeugnisse, gutes Benehmen, Freundlichkeit, Verbindlichkeit und Verlässlichkeit. Frei und Aufrecht kann ein Mensch nur gehen, wenn seine Psyche stabil ist, der Wille zu Lernen und seine Leistung bringen zu wollen. auch die Tätigkeit die er für sich Auserwählt hat gerne Erbringt. Freude an seinem Leben hat und den sicheren Hafen der Familie. Gute Freunde und auch den Spaß in unserer Gesellschaft zu Leben. Stolz auf sein Land ist und andere Menschen so wie sie sind Akzeptiert, egal wie sie sind, oder Aussehen. die Gesetzmäßigkeit Seines Landes, Toleriert und Mitträgt. Neugierig auf Neues zu sein, die Welt kennenlernen. Die Gradwanderung der Versuchung, die Liebe, Drogen und Glücksspiel, Rauchen und Alkohol, viele Süchte und Sehnsüchte. Es ist schon Angebracht, sich Sportlich zu betätigen, oder sich, einen oder mehrere Vereine Anzuschließen. Einen Ausgleich zu schaffen, zwischen Arbeitsleben und Privatsphäre. Jeder Mensch wird sein Leben schon Individuell, gestalten wollen. Die Angebote sind schon sehr Vielfältig und Verführerisch.

# Geradesitzen

Doch so fest diese Herren auch im Sattel sitzen zu Glauben, so schnell fallen sie auch aus demselben. Zwar meist mit einer Millionen Abfindung, manchmal müssen sie auch, wenn

Schäden entstanden sind dieses Bezahlen, dafür geradestehen. Wenn sie es nicht bezahlen können oder wollen kommen sie ins Gefängnis.

## Ich nehme mir einen Beruf

Menschen sind zu allem fähig, obwohl sie gar nicht befähigt sind, üben Berufe aus obwohl sie sie nie Gelernt haben, stellen sich selber Legitimationen und Zeugnisse aus, kaufen sich Titel, Meister, Doktor, Professor, Kapitän für Flugzeug oder Schiff, usw. meist kommt dieser Betrug erst nach Jahren raus, wenn ein grober Fehler, oder sogar ein Unglück passiert ist. Sonst meist gar nicht. Diese Menschen verstecken sich in der Masse, sind mit dem Lohn zufrieden der ihnen geboten wird und machen meist wenig oder keine Probleme. Doch manch einer wird Größen - wahnsinnig, kündigt diese sichere Arbeit, bekommt meist auch sogar Zeugnisse, bewirbt sich auf eine Neue oder sogar viel höher dotierte Stelle, bis die Bombe platzt. durch irgendeinen fachlichen Umstand alles ans Licht kommt, diese Firmen die Geschädigt wurden bleiben auf den Schäden sitzen und auch auf den Folgekosten. Wer denkt sich so etwas aus? Nur der Mensch. Das ist mehr als Kriminell.

## Der Mensch fällt durchs Rost

Mit was und mit wem, müssen sich die Menschen im Laufe ihres Lebens Auseinandersetzen? Wenn es einmal Probleme gibt? Gilt man unter Umständen, ganz schnell als Sozialfall, für den entscheidet dann Notgedrungen der Staat. Bekommt einen Vormund, der die Geschäfte für diesen unfähigen, oder untätigen Menschen Tätigt, bis ein Gericht etwas anderes Entscheidet. Das ist natürlich nur der Fall, wenn die Staatlichen Stellen Kenntnis von dem Bedürftigen haben. Menschen die Nirgends Gemeldet sind, keine Gültigen Papiere Besitzen, gelten als Staatenlos und obdachlos. Nur wenn der Staat, dass Sozialamt, davon Kenntnis hat oder Bekommt wird es auch Tätig. Wenn sich keiner kümmert, geht der Mensch unter in der Masse. Es gibt Tausende solcher Menschen, in unserer Gesellschaft und Weltweit. Diesen Umstand Abzustellen ist so gut wie Unmöglich. Diese Menschen haben diese Art von Freiheit Gewählt, und sind angeblich Glücklich damit. Sie haben wahrscheinlich gute Abwehrkräfte um Gesund zu leben, und zu überleben. Viele Menschen die auf der Straße leben fallen durchs Rost. Es könnten ja Andere für sich Nutzen und noch besser ausnutzen. Was ich mir in meinem Leben Erarbeitet habe, ist ja meine persönliche Gabe, Befähigung, Fertigkeiten und Kenntnisse, die mich mein Leben lang begleiten. Das Fachwissen gibt man ja gerne weiter, so ist man für Lernende eventuell auch noch zu etwas nutze.

# Nachdenken

Wer über sich und sein Leben Nachzudenken vergisst, hat dann wohl auch nichts Vermisst. Der sucht die Gründe und die Hintergründe seines Lebens vergebens. Der Mensch muss sein Leben Erleben, es ist Gelogen, wenn einer sagt, alles ist ihm Zugeflogen. Für das Menschwerden und dann auch sein, stecken die Eltern, viel Arbeit in einen hinein. Dieses Fundament ist die Grundlage für ein Menschenwürdiges Leben. Sich kennen zu lernen, seine Grenzen abzustecken, es Stück für Stück zu Erweitern. Der Mensch Lernt im Laufe seines Lebens Zusammen

-hänge Einzuordnen, zu erkennen, Gefahren Abzuchecken und Einzuordnen. Sein Leben zu erhalten Risiken abzuwägen, auch mit der Natur und den Naturgewalten in Einklang zu Leben und zu Überleben. Es ist nicht geboren werden und Aufzuwachsen, das wäre sehr einfach. Ein Selbständiger Mensch zu werden, ist schon ein steiniger Weg. Die Anfangslast der Kinderjahre tragen die Eltern mit, dann wenn man laufen kann will man schon die Welt entdecken, da lauern schon viele Gefahren, noch wird man von den Eltern Begleitet und getragen. Aber man wird immer mehr wagen und schließlich wird man doch erwachsen werden. Aber trotzdem sollte man darüber immer mal Nachdenken.

# Der Schöne

Jeder Mensch bildet sich nicht nur ein, der Schönste zu sein, jeder ist der Schönste. Denn Schönheit ist relative, ob von außen oder innen, Schönheit ist ein Modebegriff mit dem der Mensch Geld verdienen will möglichst viel Geld. Es funktioniert, im großen Stil und Weltweit. Millionen Menschen fallen darauf herein, denn jeder möchte der Schönste sein. Menschen lassen sich Künstlich verändern, eher verstümmeln, bis sie sich selber nicht wiedererkennen. Nur weil die Modewelt es so will. und die ganze Menschheit macht mit. Es ist eine Industrie größten Ausmaßes und kann nach Belieben gesteigert werden. Der Mensch Manipuliert sich selber ob er es nicht merkt, oder nicht merken will? Warum ist es nur so dass Menschen sich nicht mögen, oder sogar hassen, andere gar nicht mehr von sich lassen können? Ob Männlein oder Weiblein, ist es das Charisma eben ihre Ausstrahlung, eventuell alles zu spät, dann ganz sicher die Sexualität. Wenn Gefühle zusammenkommen, dann ist es ob Jung oder Alt, das jede Sicherung durchknallt. Dann spielt das

Aussehen plötzlich keine Rolle, dann geht es nur noch ins Volle. Da kann man dann kaum noch Fassen was für Qualitäten zusammenpassen und harmonieren. Da geht es meist nicht mehr um das haben, nur um das zusammen sein und Sympathie. Wir Menschen sind so wie wir sind, als wenn manchmal wohl doch unser Gefühlsleben durchdreht, eben Spinnt. Man schaut sich in der Welt um, doch es ist kaum zu fassen welche Menschen meinen Zusammenzupassen.

# Sprichwörter

Was unsere Eltern uns alles Beigebracht, Erzählt haben, Quasi so nebenbei. Sprichwörter z.B. Wenn ein Cent auf der Straße liegt und man ihn nicht aufhebt, sagt das Sprichwort, wer den Cent nicht Ehrt ist des Euros nicht wert. Man solle den Morgen nicht vor dem Abend Loben. Kräht der Hahn auf dem Mist, ändert sich das Wetter, oder es bleibt wie es ist. Ist der Mai kühl und nass, füllt dem Bauern Scheune und Fass. Wer ein Cent Findet, und ihn Aufhebt, sollte darauf spucken, das bringt dem Finder Glück.

# Der Einsatzbereite Mensch

Heute werden Menschen Vorgehalten wie Lagerware, gerade in den sozialen Berufen, aber auch in den Staatsbetrieben, wie Polizei, Feuerwehr, Gas, Wasser und Stromversorgung. Aber auch in Privaten, Großbetrieben, Auto, Stahlindustrie, Bahnen den gesamten Verkehrsbetrieben, der Lebensmittelindustrie und vielen andere Industriezweigen. Die Menschen machen sich meist keine Gedanken darüber wie so ein Staat überhaupt Funktioniert. Hauptsache ich, alles andere interessiert mich nicht. Doch auch die Bürger sollten schon Wissen, um das Zusammenspiel, des Staates, des Bürgers und der Privatwirtschaft. Wir Bürger, Urteilen und Beurteilen, Zusammenhänge von denen, wir wenig oder meist gar keine Ahnung haben. Wenn wir Bürger uns einmal mit dieser Materie Befassen würden, hätten wir wahrscheinlich mehr Verständnis für manche Entscheidungen des Staates. So ein Riesenapparat am Laufen zu halten, ist schon ein Balanceakt erster Güte. Das haben wir sehr Gespürt jetzt, im Ausnahmezustand der Pandemie, dass unser ganzes System Hinkt. Der Schaden, der in der ganzen Wirtschaft entstanden ist, kann man nicht nur in Geld Beziffern. Die Tausenden Toten und das Auseinanderdriften, der Menschen, sogar der ganzen Gesellschaft ist wohl nicht in ein paar Jahren wieder gutzumachen.

# Glückspiel

Ein Mensch hat sich auf ein Glückspiel Besonnen, und gleich ein paar Millionen gewonnen. Es tat gar nicht weh, hat ab sofort immer Geld im Portemonnaie. So viel Geld stellt ab sofort die Weichen, es kann, wenn man gut Wirtschaftet, ein Leben lang reichen. Es Reicht soeben für ein Bescheidenes Luxusleben. Wen sollte man in der Verwandtschaft beschenken, wenn man Kinder hat, diese Bedenken? vielleicht so Bescheiden weiterleben, und keinen etwas geben, viel lieber vernünftig Angelegt, dass so ein Kapital noch mehr Früchte trägt, gibt es nicht vorher Scherben, kann man es immer noch Vererben. Doch welcher Mensch ist bei so viel Glück bereit, für mindestens eine Zeitlang zur Verschwiegenheit? Oder will man sich noch einmal Besinnen, lieber nichts, oder nicht so viel Gewinnen? Nur ein paar Scheine, hilft einen ja auch nicht auf die Beine. Wenig Geld macht

Probleme, viel Geld macht eben auch viel Probleme. Wer kein Geld hat, hat wohl die Meisten Probleme, nur nicht mit dem Ausgeben.

# Pünktlichkeit

Man nimmt sich etwas vor, und hält es nicht ein, dass können doch nur die Menschen sein. Jeder Mensch spielt im Leben seine Rolle, koste es was es wolle. Ob Bettler oder Millionär, manchmal dreht jeder Mensch durch und der Kopf scheint leer. Sie setzen alles aufs Spiel, bringen sich manchmal selber um ihr Leben. Viele schütteln nur mit dem Kopf, können es nicht verstehen. Doch dir oder jeden anderen Menschen könnte es genauso gehen. Zeige auch nicht mit einem Finger auf andere Leute, drei Finger zeigen auch immer auf dich zurück. Es gibt viele unver - ständliche Dinge, denen sich der Mensch Aussetzt. Da er wohl, oft gar nicht die folgen sieht, die er damit auslöst. Manche Menschen richten Schäden an die meist nicht mehr Reparabel sind. Gerade wenn auch noch Menschen oder andere Lebewesen dabei zu Tode kommen. Viele Unbeteiligte machen so als wenn immer die gleichen Leute Chaos Verbreiten, oder Durchdrehen, nein jeder kann von jetzt auf gleich, selber Täter, oder Chaos Verbreitern.

# Überleben

Was möchten Menschen so gern, Erleben, Ab, Aus, oder Übergeben. Dieser Überkonsum, bleibt nicht das Kind, lange dein Eigentum. Nur mit dem Erbrechen kann sich dein Körper Rächen. Alles schlingt der Mensch sich in seinen Körper hinein, es wird hoffentlich nicht sein Eigen sein. Die Fettpölsterchen der Lohn, irgendwann lassen wir es Krachen, alles Ungeschehen zu machen. Doch dieses Fett wieder loszuwerden, in unserer modernen Welt, das kostet mal richtig Geld. Essen war eigentlich immer Modern, wenn man dann genug hatte, das war in früheren Zeiten oft nicht so. Heute haben wir genug zum Essen, es ist der Boom zum Überkonsum. Die heutigen Menschen, bei uns im Lande kennen Gottseidank keinen Hunger. Wir sagen zwar meist, ich habe Hunger, doch ist es heut zu Tage wohl nicht angebracht. Wenn man ein paar Tage, einmal etwas weniger Gegessen hat, Spricht man bei uns in Norddeutschland, von Kohldampf, dann ist es Echter Hunger. Wir wollen wohl keinem ein schlechtes Gewissen Einreden, doch den Umgang mit Lebensmittel, sollten wie schon einmal überdenken.

# Auf sich selbst gestellt

Schon die Kinder müssen ihren Lebensweg finden. Im Schulalltag werden die Weichen gestellt. Den Schulweg allein zu finden, in der Schule sich behaupten, den Tag in der Schule zu Meistern. Offen sein zum Lernen, mit den Mitschülern zu Kommunizieren. Es kommt meist darauf an wie das Kind zu Hause auf das Schulleben, vorbereitet wurde, mit dieser Portion Vertrauen, auf sich und die Eltern. Das Vertrauen zur Lehrerschaft, muss das Kind selbst entwickeln. Das Gelingt meist gut, wenn das Kind die Aufgaben erfüllen kann. ängstliche Kinder brauchen mehr Anlaufzeit, können diese verlorene Zeit aber gut aufholen. Meist wurde der Eigene Wille zu Hause Unterdrückt. Kindergarten Kinder, haben meist diese Berührungsängste nicht. Skepsis in den Anfangstagen, im Schulalltag ist meist Normal. Das Problem haben auch

Erwachsene. Wenn das Zusammengehörigkeitsgefühl, sich Entwickelt hat ist meist der Knoten geplatzt. Wenn diese Probleme überwunden sind und das Kind sich als ein Teil der Klasse, ja sogar der Schule Empfindet, ist es ein Stück Sicherheit und das Kind kann seinen Fokus auf das Lernen richten. Denn mit Angst im Nacken kann man nicht Lernen. Jeder Mensch hat diese Zeit am Eigenen Leibe spüren müssen und kann heut noch ein Lied davon singen. So Lernt schon im frühesten Kindesalter, der Mensch sich zu behaupten. So findet man als Kind den Zugang zur Gesellschaft. Wird in der Klasse in der Schule Akzeptiert. Da spielt natürlich das Eigene Verhalten auch eine Schlüsselrolle.

## Wann beginnt der Ernst des Lebens

Wann beginnt und wann Endet der Ernst des Lebens? Ist es nicht alles Ernsthaft was die Menschen machen, Vollbringen, Reden oder lieber lassen. Ist es nur so eine Redensart, oder steckt viel mehr dahinter? Dieser gewisse Ernst beginnt dann wohl schon im Kindergarten, wenn das Menschenkind allein zwar unter Anleitung und Aufsicht aber ohne die Gegenwart der Eltern die ersten Alleingänge Unternimmt. Dann in der Schule, der Studienbeginn oder einen Beruf erlernt, einen Führerschein macht und allein ein Auto steuert, sich vielleicht Selbstständig macht, oder sich sogar von den Eltern trennt, Auswandert, das eigene Leben für sich selber Gestaltet und sogar eine

Familie gründet. Wie sieht wohl jeder einzelne Mensch den Ernst des Lebens? oder kann es auch der Paul oder Kurt sein? Kann man nicht auch einen Sinn aus dem Leben ziehen? Nein Ernst muss es schon sein, das ist nun Historisch einmal so Festgelegt in unserer Gesellschaft. Es gibt eben nur Spaß oder Ernst, aber vielleicht brauchen wir ja beide gar nicht, sondern einfach drauflosleben. War oder ist doch alles nur ein Zeitgefühl, wir geben doch nur ein längeres oder auch kürzeres Gastspiel auf der Erde, war doch meist ein Riesenspaß oder interessante Abwechselungen, unser Leben ist wie eine Klobrille, man mach viel durch. Es ist glaube ich alles Andreas, Hauptsache man hat gutgelebt. Muss sich nicht Verabschieden, wie die Ankunft, plötzlich ist man da und plötzlich wieder weg.

# Der Henker

Für einen Henker ist es eh zu spät, wenn er tatsächlich einmal auf die Piste geht, warum soll man so einen Menschen nicht auch Mögen? Und nicht nur unter Kollegen. Es ist sein Job tut seine Pflicht. Er erhängt Mörder, köpft Verbrecher, mehr hat er nicht gelernt und mehr kann er wohl nicht. Er ist Erfüllungsgehilfe der Gerichtsbarkeit, so etwas gibt es auch noch in heutiger Zeit. In den Staaten und Ländern, in denen es noch die Todesstrafe gibt, für Mörder und Gewaltverbrecher, es ist für solche Bestien wohl angemessen, als ihr ganzes restliches Leben auf Staatskosten im Knast gesessen. Es sind ja meist Mörder, oder Gewaltverbrecher wo Menschen nachweislich zu Tode gekommen sind. Sie haben anderen Menschen das Leben genommen und bekommen, dafür die Todesstrafe.

# Witz, Frohsinn und Freude

Wenn ein Mensch Witz und Frohsinn unter die Leute bringt, wird mancher auch selber zur Witzfigur abgestempelt, so etwas wird man meist nicht mehr los. Wen man dann einmal auf ernst umschaltet, nimmt es einem keiner so recht ab. Witz, Frohsinn und Freude, dann noch Lebensfreude, sollte man doch etwas Auseinanderhalten. Wer Lebensfreude in sich hat, ist noch lange keine Witzfigur. Wer Witz in sich hat, muss sich vor Witzlosen Menschen immer Rechtfertigen. Man hat ja Abwehrkräfte und auch immer auch Argumente Parat, sonst Verschlingt einen die Masse der Gesellschaft. Doch wenn man tolle Freunde hat, die auch so gut drauf sind gibt es keine Probleme. Missverständnisse werden gleich zurechtgerückt oder Ausgeräumt. Viele Menschen möchten ganzeinfach bespaßt werden, können manchmal aber selber wenig oder gar keinen Spaß ab. Es sind die sogenannten Spaßbremsen. Doch der Bespaßer, merkt sofort, wer gut drauf ist, nimmt sich meist diese Leute zur Hilfe, als Schlichter oder Aufklärer. Humor kann schon manchmal ein schweres Feld sein. Doch so leicht lass ich mir den Spaß nicht Verderben

# Hauptdarsteller

Ich Ordne mich in mein Eigenes Leben ein, für mich werde ich immer der Hauptdarsteller sein. Von mir höre ich auch kein Klagen, im Höchstfalle ein bescheidenes Nachfragen. Im Falle eines Falles, war das schon alles. In meinem Leben habe ich mir Vorgenommen, so lange ich noch Kreativ bin, wird von mir auch immer etwas Neues kommen. Auch wenn manche Bellen das sind doch Alte Kamellen. Sicher, einmal neu Aufgelegt, bei Humorvollen Menschen sogar noch neue Früchte trägt. Humorvolle Menschen haben in der Gesellschaft immer einen Platz auch wenn es bei anderen schon einmal an den Nerven kratzt, einen ganzen Abend, kann man es natürlich nicht ertragen. Das Zwerchfell und die Lachmuskeln machen es wohl solange nicht mit. Da ist ohne Groll auch der Akteur

Verständnisvoll. Doch Humor ist, wenn man trotzdem Lacht, auch wenn nicht gerade jeder Mitmacht. Humorvolle Menschen passen nicht überall hin, so Schwebt man immer zwischen Witz und Wahnsinn. Es kann schon vorkommen, da wird man in Ernsten Dingen gar nicht mehr für Vollgenommen. In manchen Haushalten kommen Musik Witz und Humor, so gut wie gar nicht vor. Da muss man schon Überlegen, wenn Leute es überhaupt nicht mögen, wird so ein Spaß auch schnell falsch Verstanden, dann muss man auch als Humorist mit Ohrenglühen von dannen ziehen. Man hört es immer einmal wieder, humorlose Menschen kennen keine Witze und haben auch keine Lieder. Ich möchte da gar nicht für werben, auch Menschen mit viel Humor kann man irgendwann den Spaß verderben. Solche Orte wird man von selber meiden sonst wird man nur darunter leiden.

# Das Wetter

Das Wetter ist heut nicht zum Lachen, auch wenn wir Einheimischen darüber Witze machen. Wind, Sturm, Orkan und Regen das ist es was wir Eiheimischen an unserem Wetter so mögen, Doch wenn das Wasser des Meeres das Haus versenkt, das der Besitzer Notgedrungen Ausziehen muss, sehr gekränkt. Ist es kein Witz mehr und auch kein Geschenk, Auf den Inseln sind die Leute trotzdem munter da heißt es lapidar Land unter. Steigt das Wasser und kommt dem Haus immer näher, gehen die Bewohner, wenn möglich einen Stock höher, keine Frage für ein paar Tage.

# Ein Wissen ohne etwas zu Wissen!

Menschen schreiben ihr Wissen auf ohne etwas zu Wissen. Doch auch Unwissenheit schützt vor Strafe nicht. Aufzuschreiben obwohl man gar nichts weiß. Weil einem Nichts aber auch gar nichts einfällt, selbst solche Ausfälle sind Einfälle. Man muss sie nur Vermarkten können, es gibt viele Schreiber die viel schreiben, natürlich auch manchmal viel Schei---benhonig. Kann ich auch, mache ich auch, schon

Jahrzehntelang und es kommt an. Man muss sich nur Trauen, wo es Letztendlich dann Ankommt? Manchmal hört man sogar das Echo. Kesse Nichtswisser haben sogar schon, die Gekrönte Leserwelt Erobert. Je weniger man zu Sagen hat je größer ist das Echo. Leute wollen das Individuelle, Praktisch, von nichts die Hälfte. Warum fällt einem immer noch etwas Interessantes dazu ein? Obwohl man ja eigentlich gar nichts weiß. Stumme Zeugen sind ja schließlich auch Zeugen, ohne irgendjemanden Anzugreifen oder zu Maßregeln, Letztendlich noch zu Beleidigen. Menschen zum Schreiben zu bewegen, obwohl sie gar nicht schreiben mögen. Man kann ja Ehrlich bleiben warum man nicht gerne Schreibt, Vielleicht weil es für Ewig Beweisbar bleibt und Permanent Übertreibt.

# Der Größte Wunsch hier auf Erden

Was ist der größte Wunsch für manche Menschen hier auf Erden? Einmal durch seinen Verdienst berühmt zu werden. Manchmal mit etwas Glück durch den Sport oder der Politik. Auch einmal durch spezielle Kunst, Malen oder Schreiben, kann man sich so richtig Maßlos Ausleben und wenn man es dann will auch mal Übertreiben. Zum Beispiel eine Weltraumfahrt oder sogar Kaiser und König zu sein. Spontan heißt auch immer berühmt zu sein im Rampenlicht zu stehen, einer ständigen Gefahr ausgesetzt zu sein und Mutterseelen allein. Wenn Menschen es gerne mögen, im kleinsten Bekanntenkreis, sein ganzes Leben zu bewegen, vielleicht hab acht, Tag und Nacht von Bewaffneten Polizisten oder Security Bewacht. Aber man kann nicht alles haben, Freiheit, Gleichheit und Brüderlichkeit. Eingesperrt durch seinen Bekanntheitsgrad, den man sein Leben lang nicht mehr loswird, auch in der Öffentlichkeit Begafft zu werden wie die Tiere im Zoo. Jeder Mensch stellt sich seine Menschlichen Werte allein zusammen.

## Gräfin von Hochwohlgeboren

Frau Gräfin von Hochwohlgeboren, hat plötzlich ihren Mann verloren, es war der Graf von Habenichts, er war schon Jahrelang sehr krank, jetzt die Beisetzung in der Ostsee wo seine Asche für immer in den Fluten Versank. Einen Mann will Frau Gräfin sich nicht mehr nehmen, sie würde sich für ihr verkommenes Schloss zu Tode schämen. Sie trug das Renovierungsgeld für das Millionenanwesen, durch die ganze Welt. Keiner will sie Ernsthaft Maßregeln oder Foppen, doch sie geht heute noch, auch mit Sechsundneunzig gerne Schoppen. kaufen, kaufen, kaufen, Tand und Nippes einen Riesen Haufen. Doch so Allein, wird ihr das auch zu bunt, der Entschluss ist gefallen, für einen kuscheligen Hund. Lockig, schlank, schwarz, Stolz und schön, auch mit blauem Blut. Königlichem Scharm und Stammbaum, mit von Stockbehn, lässt sie sich wieder in den besten Kreisen sehen. Alle sind wieder nett und die Familie wieder, auch ohne von Habenichts Komplett.

# Gäste sehr Willkommen

Ich habe mir einmal vorgenommen bei uns sind Gäste sehr willkommen, doch wollen sie das Worte erheben, diese Rechte sind gleich an der Haustür abzugeben und haben sie dann noch viel mehr Freude und Schwung, Eigene Wünsche finden bei uns leider keine Berücksichtigung. Es wird gegessen was auf den Tisch kommt und ziehen unsere Gäste auch noch so ein Gesicht, andere Speisen gibt es bei uns nicht. Unsere Gäste bekommen Speisen regional, alles andere ist Scheißegal. Auch die Gäste zu Bespaßen, mit unseren Sehenswürdigkeiten herum zu aasen, so wie Strand und Meer, der Zugang ist sehr Teuer und schwer, die Gäste zurück und in Zaum zu halten mit den Naturgewalten, für uns Einheimische ist es klar, der Sprung in die Fluten, birgt ja auch eine gewisse Gefahr, Quallen, Strudel und Untiefen, sogar ein paar Giftige Fische, Wer hat schon als Normalbürger so eine geübte Schwimmkraft, manch einer hat es auch in unserem Binnenmeer nicht mehr ans Ufer geschafft. Es ist ein einmaliges Abenteuer, nur so werden wir unsere geliebten Gäste, auch vor dem geplantem Uhrlaubsende wieder los. Unsere geliebten Gäste halten uns schon in Trapp, zur Not nimmt uns der blanke Hans die Entscheidung ab. So wie die Wende mit dem vorzeitigen Uhrlaubsende, So ein Urlaub am Meer ist schon schwer, jeder der nur einmal hier war Bereut es sehr, noch einmal kommt ein Ertrunkener nicht hier her. Herzlich Willkommen.

# Arztbesuch

Weil ich so gerne Arztbesuche mag, mache ich mal wieder meinen privaten Ärztetag. Allein die Bürokratie in der Praxis, bis man den Arzt zu Gesicht bekommt, ist schon ein Geduldsspiel. Eigentlich war ich er dritte Patient an diesem Tag, obwohl es in der Praxis keine Terminvergabe gibt, kamen ca. zwanzig Patienten vor mir dran. was ich nicht recht Verstehen kann. Es sind wohl alles Notfälle, Gelle. Nach zwei Stunden und einer Bescheidenen Nachfrage, wann ich dann Endlich dran komme, ging es Glücklicherweise, dann auch sofort los. Im Sprechzimmer Angekommen, dauerte es noch eine ganze Weile. Dann war es endlich soweit, der Arzt war zugegen, ohne Kommentar, begann die Minutenschnelle Untersuchung, Es gab die Diagnose, doch die Dokumentation dauerte noch die vielfache Zeit. Dann gab es noch eine Verordnung in Tablettenform. Jetzt ging es endlich wieder raus, in die feindliche Welt. Als Patient ist man trotz aller Wartezeit, Dankbar, Hilfe zu erfahren, man sollte diese Ärztliche Versorgung nicht so für Selbstverständlich nehmen. Wir haben eines der Besten Gesundheit Systeme Weltweit. Zu Verbessern und Meckern gibt es immer etwas.

# Fliegen lassen

Ich möchte einmal und kann es selber kaum fassen, einmal einen fliegen lassen. Vielleicht zum Mond ohne Rückfahrkarte. Was ich dafür vom Mond erwarte, ein Stückchen Land, ein Haus mit Garten, was kann man schon als Mensch auf dem Mond erwarten? Erst einmal Wasser sonst kann man nicht überleben, alles andere wird sich dann schon ergeben. Die Menschen sind ja so Bescheiden, doch etwas Luxus können sie nicht vermeiden. Eine Handvoll Freunde müssen schon mit, dann Bauen wir dort etwas auf, Schritt für Schritt. Ein Haus ein Dorf eine Stadt, was so ein Menschenkind für Ideen hat. Wir sind dann nicht mehr auf der Erde, sondern auf dem Mond, ob sich der Aufwand überhaupt Lohnt? Wünsche hat man ja viele, doch im nachher rein nicht einmal Tisch und Stühle. Beim Umzug mit so einer Rakete, ist der Platz schon sehr bemessen, doch Klamotten und Möbel sollten wir nicht vergessen. Lebensmittel kommen gleich hinterher, noch ist die Vorratskammer ja sowas von leer. Vielleicht hat man ja etwas Übertrieben und wäre doch lieber auf der Erde geblieben. Der Abflug steht noch aus, vielleicht bleibe ich noch ein paar Jahre zu Haus.

# Tolle Reiseerlebnisse

Tolle Reisen und dazugehörige Reiseerlebnisse, die einen Menschen ein Leben lang begleiten. Ob im hohen eher kalten Norden oderin die heißesten Südlichen Gefilde, die einem Nordländer eher nicht so Zusagen, doch Beeindruckend ist es allemal, allein die manchmal Tagelange Anreise, mit dem Flugzeug, Bus, Schiff, Zug, Pkw oder Wohnmobil. Es ist Erlebnis Pur, Auch die Herzlichkeit der Menschen Unterwegs und die Verständigung mit Händen und Füßen. Ein Blick ein Lächeln, sehr beeindruckend. Einzelne Menschliche Begegnungen sind auch nach Fünfzigjahren noh in einem Verwurzelt. Da ist schon etwas dran, wenn einer eine Reise tut, da kann man was erleben und erzählen. Solche Reisen können ein ganzes Buch füllen. Doch jeder Mensch Empfindet reisen auch sehr Speziell. Oft hört man von Strapazen, es ist wohl eher das sogenannte Reisefieber.

# Tagelöhner

Wer hängt denn dort in der Dornenhecke, ein Betrunkener Landfahrensmann und spielt mit einer Weibergschnecke, nein es ist ein Schneckensammler und kein Straßengammler. Einer sammelt die Tiere und der andere steht Schmiere, Vielleicht stehen ja die Schleimigen Geselle unter Naturschutz? Der mit diesem Verkauf, sich und seinen Kollegen den Lebensunterhalt verdient. Ob es ein Unternehmer ist konnte man nicht herausbekommen, die Herrschaften waren wohl vom Alkohol so Benommen. Ich bin dann ohne Info Weitergegangen. Ging selber später ins Rathaus und erkundigte mich nach einen Sammelschein für Weinbergschnecken, Die Mitarbeiter guckten wie Verstört, von solch einem Schein hat noch keiner etwas gehört, Die Beobachtung musste ich dann ganz schnell Verstecken um keine schlafenden Hunde zu wecken. Ich wollte dann auch gar nichts mehr darüber wissen, keiner wird die Weinbergschnecken je Vermissen, Schnecken sind durchaus Unbequem aber ein wichtiger Bestandteil für unser Ökosystem. Noch sehe ich Schnecken in den Kühltruhen, bis heute hat es noch keinen gestört, also gehe ich einmal davon aus, es gibt genug Nachwuchs, so sind die Schnecken nicht besonders Schützenswert. Also die Neugier hat es mir Angetan, ab sofort stehen auch Schnecken auf meinen Speiseplan.

# Schreckensgeschichten

Bei Erlebnissen von Menschen, deren Erlebnisse mitzuerleben, Bekommt man schonmal das Schaudern. Die gerade Horrorgeschichten und Strafbare Handlungen Ausplaudern. „z.B." den am Rande Mitbekommenen Mord, der vor Jahrzehnten, nie Aufgeklärt wurde, weil die Betroffene Familie, keine

Akteneinsicht Gefordert hat auch kein Rechtsbeistand Bemüht hat, es einfach als Unglücksfall Eingestuft wurde. Die Leiche Freigegeben und Beigesetzt wurde. Die an der Tat Beteiligten wurden nicht zur Rechenschaft gezogen, ob sie überhaupt noch am Tatort waren, entzieht sich der Erkenntnis der Familie. Die Familie hat auch nie einen Antrag gestellt, auf Einsicht in die Akte des Falles, auch keine Mordanzeige gemacht. Also auch keine Klage oder Anklage wegen Mordes gestellt. Es war ein Badeunfall, mit Todesfolge. Ein anderer Fall, wo eine Frau ihrem Mann ein Kind Untergeschoben hat da das Kind in der Ehezeit entstanden ist und auch in der Ehezeit Geboren ist, gilt dieses Kind als Ehelich, wenn es nicht Widersprochen wurde. Im Volksmund nennt man dieses Kind auch Kuckuckskind. Denn der Kuckuck legt seine Eier in andere Nester und lässt sie von anderen Vögeln ausbrüten. Daher der Name Kuckuckskind. So gibt es Straftaten jeglicher Art, unter dem Motto, wo kein Kläger

ist auch kein Richter. Doch der Mensch Übertreibt eben auch Maßlos, wenn er nicht von den Verfolgungsbehörden Erwischt wird und auch Verurteilt. Viele Leute sehen es als Kleinigkeiten und tun es auch so ab, doch wehret den Anfängen. Zuerst Wilderei oder Waldfrevel, Fahrerfluch und Unzucht mit Minderjährigen, Fischwilderei, weil der Bürger ja nicht weiß, dass er einen Angelschein braucht, oder an geschützten Gewässern nicht ohne Ausdrückliche Erlaubnis eben nicht Angeln darf. Auch nicht in Privaten Gewässern, nur mit Ausdrücklicher Erlaubnis. Auch andere Delikte, wie mit Drogen jeglicher Art zu Handeln ist verboten. Bei Nachtschlafender Zeit, bei Fremden Leuten in die Fenster zu sehen, Auch die Farbsprayer gehören dazu, sich an fremdem Eigentum zu Vergehen. Das kann schon sehr Teuer werden, wenn man dann Erwischt wird oder man wird sogar für eine gewisse Zeit

Weggesperrt. Bei solchen Schreckensgeschichten vergeht einem dann auch das Lachen.

## Nicht viel zu bieten

Wir haben ja nicht viel zu bieten, kein Haus, kein Auto zu vermieten, kein Flugzeug und kein Segelboot, nur eine Gartenbank in Feuerrot. Doch Gute Laune bei Tag und Nacht, die habe ich selber mitgebracht. Die wollten mir schon so manche stehlen, die sich mit Finsteren Mienen durch ihr Leben Quälen. Die weise ich dann in die Schranken, für diese Lebensfreude sie sich Gern bedanken. Jeder Bahnt sich seinen Eigenen Weg durch sein Leben, egal wie er auch immer ist, man sollte nie aufgeben, Zielstrebig, wie es auch sei, Hauptsache wir sind noch selber Dabei.

## Unmögliches möglich machen

Ich mache Unmögliches möglich, und Abwegiges Beweglich. Er fährt mit meiner Verpflegung, über des Nachbars Zuwegung. Zur Erregung der Nachbarn, nur denen wurde es angetan. Es ist Familie Größenwahn, sie haben sich einmal Besonnen und etwas Geld im Lotto gewonnen. Jetzt wollen sie endlich einmal Leben, ihr Geld erst mal für ein Gebrauchtes Fahrrad ausgeben. Einen Sack festkochende Kartoffeln, eine Spitztüte Bohnenkaffe und zum Volkstrauertag, etwas Grabschmuck für sechs Euro, für Oma und Opa, das kann man schon mal außer der Reihe machen. Zu Lebzeiten, haben sie uns ja das Haus spendiert. Da hauen wir heute einmal richtig rein, man kann ja auch einmal Großzügig sein. Wenn wir heute noch Lust haben, Geld auszugeben, kaufen wir uns einen neuen Koffer. Wir haben uns Endlich einmal für eine Urlaubsreise entschieden. von unserer schönen Stadt Oldenburg, zum ländlichen Lensahn, die dortige Idylle hat es uns angetan. Eine Ferienwohnung, gleich für eine Woche, in der Ziegenstwiete, kostet zwar ein kleines Vermögen, wir haben sie auch nur genommen, wegen der tollen Aussicht auf den Berühmten Museumshof des Dorfes. Sechzig Euro, für die Wohnung, zwei Personen eine Woche unter Freunden und nur bei Vorkasse, mein Bernhard hat Natürlich ohne mein Wissen Zugesagt. Beim Bezahlen habe ich noch zwei Prozent Bonus und Handtücher für den ersten Tag ausgehandelt. Wir wollten zuerst, zum Bungsberg aber die Zimmer waren Ausgebucht. Naja dort in der Bergwelt, es sind ja Immerhin Einhundert Achtundsechzig Meter. Dann könnten wir ja gleich in die Alpen fahren. Aber wir können die Höhe, und die dünne Luft, gar nicht so ab. Wir können das Prassen und das Herumschmeißen mit dem Geld nicht. So etwas muss man wohl erst lernen. Haben uns kurzerhand jetzt für ein Autokauf Entschlossen, war ein Schnäppchen, Neunhundert Euro und hat sogar noch drei Monate TÜV. Nur der Führerschein ist sehr Teuer, dreitausend Euro, drei Jahre lasse ich mir dafür Zeit. Es ist ja eine Anschaffung fürs Leben. Soviel hat unser Umbau unseres Hauses, im vorigen Jahr Gekostet. Aber egal wir sind ja erst Vierundsiebzig. Da hält der Wagen und der Führerschein Bestimmt mit uns aus. So ein Lottogewinn ist ja auch schnell Ausgegeben, man sollte es ja gar nicht Erzählen, dass man Sechshunderttausend im Lotto Gewonnen hat. Zehn Prozent haben wir ja in ein paar Tagen schon Ausgegeben. Jetzt werden wir erst einmal wieder etwas kürzertreten. Wie soll es nur noch Enden mit unserem Lottogewinn, wir wollen ja etwas Spenden, Fünfzig oder doch lieber Hundert Euro. Da müssen Wir schon wissen, wo das kleine Vermögen Hingeht, oder sollte man es selber zu den Bedürftigen Hintragen? wer hat heute schon Viel zu verschenken? Wir haben nun einmal Glück gehabt, da will man dann auch etwas von abgeben und wenn es noch so wenig ist es kommt von Herzen. Man sollte auch, wenn man noch so viel Geld hat, Sparsam wirtschaften, Die Menschen haben schon Verständnis für so ein Möchtegern Millionär. Um bei der Sparsamkeit zu bleiben, man sollte das Geld weggeben auch nicht übertreiben. Wer weiß, wie lange man noch Lebt? und wann man, über Wolken schwebt.

## Ein und Ausdrücke

Manche Eindrücke, von Ausdrücken Hinterlassen aber Abdrücke deshalb mache ich lieber schnell eine Mücke. Ich habe mir Vorgenommen, dass sie es nicht Herausbekommen, weil ich einfach mein Wissen mitgenommen. Man ist ja Helle sonst Schwimmen dir auch weg die Felle. Man muss sich eben im Winter warm anziehen, beim Alpenglühen, sonst wird es dir die Beine wegziehen. Beim Skilaufen, noch Produckte Verkaufen, die in den Bergen keiner braucht das schlaucht. Wir Menschen sehen es ja ein, im Arbeitsleben stets rührig zu sein, doch was nicht ist kann ja noch werden. nicht erst im Himmel lieber hier auf Erden. Ein Kaufmann ist nun einmal mit Leib und Seele Kaufmann also Lauf man, dem Kunden zur Ehr, das ist schon schwer. Von nichts kommt nichts, also gib dein Maximum. Viel Reden nie Stumm, nur so bekommt man fast jeden Kunden rum, die Waren zu kaufen, so muss es laufen.

# Geschichten schreiben

Menschen wollen Geschichten schreiben, meist immer bei der Wahrheit bleiben, Ist dann die Wahrheit nach einer Seite schon zu Ende, kommt Automatisch dann die Wende. Noch ist man Krampfhaft am Dichten und Plötzlich geht es an die Lügengeschichten. Da hat man zwar nichts Festes in der Hand, aber die Unglaublichen Geschichten bringen den Leser außer Rand und Band. Interessant ist es Allemal, ob es die Wahrheit Widerspiegelt ist im Moment ja auch egal. Träume und Visionen sind immer Gründe, darüber Nachzudenken und momentane Ausbrüche, die sich als eine Art Hoffnung lohnen. Der Mensch hat so viel Wünsche, die kann der Schreiber ihnen schenken, dass ist das sogenannte Wunschdenken. Für Wunsch und Wirklichkeit Investiert der Mensch immer Zeit, mal in Träumereien einzutauchen, die Nervlich auch nicht gar so Schlauchen.

# Wie befohlen

Dem Menschen ist es manchmal wie befohlen, aus seinem Leben das Optimale herauszuholen. Wünsche hat der Mensch sehr viele, es ist wie an der Börse, die Kapitalspiele. Es ist der Zufall, hab acht, hat so schon viele Existenzen zusammengebracht, Vielleicht ist es ja das Charisma, unsere tolle Ausstrahlung die uns voranbringt. Nur die Ehrlichkeit, macht sich in dieser Hecktischen Zeit nicht gar so Breit, der Mensch wird nur noch Verlacht, wenn er mit Ehrlichkeit auch noch Öffentlich Reklame macht. Wie kann man Menschen noch mehr Ehren doch zu alten Traditionen zurückzukehren. Es ist auch mit alten Freunden so, manche Freunde lassen sich einfach nicht mehr sehen, man sagt ja meist, man hat sich aus den Augenverloren, dabei haben sie sich längst anderen Leuten Verschworen. Alte Freunde sind Tabu und nun? Dabei sind die alten Freunde auch noch nach Jahrzehnten so Vertraut, dass es beim Aktivieren, einem vor Unverständnis glatt die Beine weghaut. Aus der Welt zurückgekehrt, ist jeder erst einmal Enttäuscht und Checkt erst einmal den noch verbliebenen Freundschaftswert. Die verflossene Zeit macht schon Krank, denn gute Freunde ist man doch ein Leben lang. Dem Menschen tut es ja wirklich gut, wenn er es möglichst von sich austut. Ein Anstoß ist nicht ohne, ob es für manchen Menschen überhaupt Lohne? Wenn der Mensch es möchte, wird es schon Fruchten sitzt er auch in den tiefsten Schluchten. Wir haben unser Leben doch selber in der Hand und mit Dankbarkeit Anerkannt. Unser Erlebnis ist unser Leben und es gibt keinen Grund es von selber Aufzugeben. Wir dürfen uns unser Leben immer neu Erdenken und uns auch wieder andere Abenteuer schenken. unser Lebenswertes Leben nie von selber Aufgeben .Die Medien berichten täglich wie der Mensch mit seinesgleichen Umgeht, Meist denkt der Mensch gar nicht darüber nach, wie er andere Menschen Nutzt und Benutzt, Normal muss man als Mensch doch darüber Nachdenken und zu einem Ergebnis kommen, das der andere den man benutzt oder sogar Schmerzen zufügt, das der Täter weiß wie Schmerzhaft es ist, vielleicht sind es ja Menschen die sich in ihrem Dasein einfach nicht Wohlfühlen, nicht Beachtet werden, sich gar nicht als Mensch Fühlen, größte Probleme haben dieses Leben so Weiterzuleben. Keinen Anschluss finden, nur gemieden werden, Menschen brauchen die Anerkennung und Akzeptanz, sonst wird dieser Mensch sein Eigener Feind. Wie Überlebt man es? Menschen brauchen einfach sehr viel Zeit den Weg ins eigene Leben zu finden. und ohne sich an irgendwelche Vorgaben zu Binden. Doch auch manche Wünsche zu verwirklichen, sind Grenzen gesetzt, die Realität ist eben das man sich jeder Wunsch Erarbeitet werden muss, nur so kann man sich seine Wünsche erfüllen. Wunsch auch Wertschätzung, so wird auch die

Begierde nach und nach gestillt. Der Mensch wird auch von seinem Intensiven Leben Verzehrt, spätestens merkt der Mensch was bin ich überhaupt Wert. Wie möchte der Mensch sich selber Nütze sein? Was möchte man mit sich und seinem Leben überhaupt anfangen? Wozu habe ich Lust, mich in der Gesellschaft Einzubringen, Welcher Job würde mir Spaß bringen, Wieviel Verantwortung traue ich mir überhaupt zu. Oder Schule und Arbeit lass mal Andere machen. Mit Arbeit kann man sich doch das ganze Leben Versauen, oder? Es gibt so viele tolle Berufe, viele Angebote sein Lebensunterhalt zu Verdienen. Natürlich gibt es auch ein paar Sonderlinge, die werden Geboren und haben schon ihr Kapital zum Leben auf dem Konto. Doch ein Mensch ohne Funktion, ohne Beruf vielleicht noch ohne sein eigenes ich, merkt gar nicht wie das Leben an ihm Vorbeizieht. Der Mensch Entwickelt sich doch erst wenn er sich und alles was das Leben ihm Bietet Ausprobiert. Denn wer Rastet der Rostet.

## Dank an die Eltern

Ich bin Erfreut, Erfüllt von Ehrfurcht was meine Eltern mit ihren wenigen Mitteln, mich Gelehrt haben. Meine Auffassungsgabe und alles zu Schaffen was mir Aufgetragen wurde was von mir Verlangt und gefordert wurde. Als ich in diesen Handwerks-beruf aufgenommen wurde, habe ich alles darangesetzt besser zu sein als andere Kollegen, aus Dankbarkeit der Firma gegenüber, ich habe mich in diese Arbeit reingekniet und meine Arbeit, immer weiter Perfektioniert, und alle Stufen erreicht, bis zum Handwerksmeister. Habe sogar noch als Lehrkraft, in einer Handwerklichen Berufsschule Gearbeitet. Ich bin heute noch Wissbegierig, bis in die Haarspitzen, wenn es ums Handwerk geht, auch viele Künstlerische Kreativität Sprudeln auch heut noch aus mir raus. Mein Interesse Wie ist so Vielseitig geworden, dass auch der Private Garten und Landbau nicht zu kurz kommt. Die große Reiselust war nie mein Ding, wenn der Partner Gebucht hat, bin ich der Notgehorchend Mitgefahren.

## Reiten nach Lust und Laune

Reiten kann man auch allein, wozu gibt es sonst das Sattelschwein? Warum wird nur immer das Pferd oder der Esel als Lasttier oder als Reittier Genutzt? auch die Kuh gehört dazu, na klar und das Kamel oder Dromedar. Man kann sich über alles Streiten, wer will darf auch Schaf und Ziege oder auf die Nahegelegene Insel Fehmarn zum Ganter Reiten. Menschen haben so ein Wahn, die ganze Tierwelt machen sie sich Untertan. Auch den Elefanten, die tonnenschwere Kraftmaschine, nimmt man nicht nur zum Reiten, nein man setzt sie in den Wäldern ein, zum Baumstämme rücken oder Urlaubsgäste zu Transportieren. Auch als Attraktion im Zirkus um Kunststücke Vorzuführen.

Heute gibt es ja für alles und für Jeden, Maschinen oder Roboter, die auf Befehl und ohne Wiederspruch, für uns Menschen, Arbeiten erledigen. Aber wehe, wenn die Elektronik Versagt oder Spinnt, muss man wohl machen, dass man Land gewinnt. Drehen die Tiere einmal durch, bekommst du auch die Furcht.

## Jeder Mensch ist seines Glückes Schmied

Jeder Mensch ist seines Glückes Schmied, auch wenn er jeden Tag um die Häuser zieht. Oder sich zu den Kriminellen wendet, meist sogar im Knast oder auf dem Friedhof Endet. Viele Menschen haben mit Bedacht, sogar eine tolle Laufbahn gemacht. Mut, Glück und auch etwas Risiko, auch das macht Zufrieden.so hat man wahrscheinlich, durch lückenloses Arbeiten, manch einer die Gosse und den Mobb oder Pöbel vermieden. Wir Menschen wollen mal nicht so Angeben, Wir Lieben auch einmal das Primitive Leben, Camping und Saufen oder uns auch einmal auf der Straße raufen, wenn man die Grenzen kennt und sich dann auch wieder von dem Pöbel trennt. Gerade bei den Massenveranstaltungen, Fußballstadien oder auf dem Rummelplatz, auch die Disco und die Rotlichtszene wird nicht ausgelassen. Im Urlaub, jedes Sommerfest gibt auch manchmal den Ehrbaren Bürger den Rest.

# Eine Rüge

Eine Rüge, was ist mit dir? Was fällt dir ein? Kannst du nicht etwas netter sein? Da schaut man erst einmal ganz Verdutzt wie einer, einen anderen so Öffentlich Herunterputzt. Was Menschen sich so herausnehmen, da muss man sich schon manchmal Schämen. Manchmal gibt es gar keine andere Möglichkeit, kurz und Bündig in unserer Pandemischen Zeit. Manch einer ist eben Angebufft, man merkt es, es wird langsam größer die Kluft. Spaß war gestern, Angst und Todernst ist heute. Es ist auch nicht mehr viel Luft nach Oben oder Unten, es brennen ja auch schon die Lunten. Es Brennt an allen Ecken und Enden, an wen soll man sich nur noch Vertrauensvoll Wenden? Keiner will oder kann die Wahrheit sagen, es sind da einfach zu viel offene Fragen. Es ist auch schon meist zu spät der Bürger weiß schon gar nicht mehr wo ihn der Kopf steht. Krankheit, Krieg und Teuer, und jeder gießt noch Öl ins Feuer. Doch nur Mut vielleicht wird ja doch noch alles Gut.

# Ein ungewöhnliches Hobby

Mal sitzt man auf der Bank, mal zwischen den Stühlen, manchmal sogar im Eis um sich Abzukühlen. Manche hängen in der Luft und wissen nicht woran sie sind, manch einer hält seinen Hintern in den Wind, wo gleich jeder Sagt der spinnt. Manche Menschen sitzen sogar in der Sauna direkt an der Quelle und genießen die Hitzewelle. Oder am Strand in der brütenden Hitze um sich zu Bräunen. Manch einer steht auf dem Erdbeer- oder Spargelfeld und verdient sich etwas Geld. Manche sitzen Stundenlang im Taubenschlag, weil er Tauben so gerne mag. Die Hobbys der Menschen sind so Vielfältig auf unserer Welt, einer sitzt am Schreibtisch und zählt sein Geld und hat dazu einen Kaffee bestellt. Ein Freund isst Täglich seinen Katenschinken nur das er ein Alibi hat um sein Geliebtes Bier zu Trinken. Ob Moped oder Fahrradfahren hat der Mensch schon immer gern getan. Wie Reich ist der Angler am Angelteich, ist immer auf der Spur und Genießt die Ruhe der Natur. Bei uns im Lande hat fast jedes Hobby noch eine Riesenlobby.

# Mobiles Telefon

Das Erlebnis mit dem Mobilen Telefon, ein älterer Bürger ist mit so einem Teil meist Heillos Überfordert, es ist ein Taschencomputer, den man wohl nur Bedienen kann, nach einem Halbjährlichen Kursus, bloß um einen Normalen Anruf zu tätigen, muss man wohl erst das Handbuch Studieren. Die Meisten Funktionen sollte man möglichst nicht Betätigen, sonst kostet es richtig Geld. Selbst das Aufladen des Akkus sollte meist Täglich sein. Dazu braucht man natürlich das passende Ladekabel, was meist Zuhause geblieben ist. Also erst einmal Ersatz besorgen. Dann fehlt eigentlich nur noch das Passwort,

Code und Pin-Nummer. Doch diese braucht man ja nur wenn man Telefonieren möchte. Diese Zahlen hat ja wohl jeder im Kopf? oder? aufgeschrieben, aber wo? Wenn man keinen Vertrag hat, nur eine Karte und diese ist Abtelefoniert, was dann? Muss man dieses Karten-konto ganz einfach wieder aufladen. Und das ist ganz einfach, wenn man es dann kann oder schon einmal selber gemacht hat, oder?

# Alte Bilder

Ich habe mir einmal die Zeit gestohlen, um alte Bilder vor zu holen. Man muss sich heute ja nicht hassen, doch man hat schon ganz schön Federn gelassen. So wird einem doch auch keiner drängen verlorene Schönheit, sich aufzuhängen, und keiner hat mir ernsthaft empfohlen, das vergangene noch einmal zu wiederholen Diese Bilder jedermann begleiten. Sie zeugen von vergangenen Zeiten. Ich liebe mich, so wie ich heut bin alles andere verfehlt doch seinen Sinn. Bei Jugendfreunden rutscht einem dann schon einmal heraus, sieht der alt aus! Aber man sieht sich selber nicht. Stellt sich mit seinem Alter auch nicht mehr ins Rampenlicht. Hänge mir auch kein Jugendbild um den Hals mit der Aufschrift: Scheiß egal, es war einmal. Nein, ich bin heute noch sehr eitel und ein bisschen stolz auf das Geschaffte. Denn ich bin noch aus altem Holz. Ist man auch manchmal schon von Sinnen, fängt langsam an zu spinnen. Die Zeiten nur so durch die Finger rinnen, kannst du mit gutem Gewissen sagen: Im Alter kommt die Schönheit von innen. Also Schluss mit dem Gammeln. Weiter Bilder als Zeitzeugen sammeln.

# Die Sau

Die Sau, die frisst die Rüben rein,

drum nennt man sie auch Rübenschwein.

Doch manches Schwein schlingt allen Dreck in sich hinein,

drum nennt man es auch Dreckschwein.

Und der Mensch ist wie besessen,

nimmt diese Tiere dann zum Essen.


# Die Taube

Es saß in einer Sommerlaube,

so ganz allein eine weiße Taube.

Ich bin da so vorbeigekommen

und habe mich ihrer angenommen.

Verlebte mit ihr so Jahr für Jahr,

bis ich plötzlich merkte, dass es wohl doch eine schwarze Taube war.

So wie der Herr Graf,

als schwarzes Schaf.

# Fischfangquote

Unsere heutigen Fischer haben es schon schwer,

oftmals bleiben ihre Netze leer.

Denn wir haben seit Jahren die Marotten

mit immer größeren Fischfangflotten.

So harken wir die Meere leer

und bald gibt es keine Fische mehr.

Da helfen euch keine Fangquoten,

denn es gibt genug Chaoten.

Die sich ein Dreck darum scheren,

kein Verantwortlicher kann und will sich wehren.

Es hilft da auch kein Fangverbot

denn alles läuft schon lange aus dem Lot.

Kontrolle ist gut, aber wer kontrolliert die Kontrolleure?

So lange der schwarze Markt so weiter blüht,

jeder die Fische ungesehen aus dem Wasser zieht.

Vernunft beim Menschen zu erhoffen,

hat man noch nie ins Schwarze getroffen.

So lange man alles verkaufen kann,

hält sich bestimmt keiner dran.

Das ist der Lohn der Massenproduktion.

Denn auch mit Subventionen

werden wir die Fischbestände auf Dauer nicht schonen.

Das war es, ich hoffe es hat ihnen gefallen, bleiben sie mir gewogen. Wir lesen uns beim nächsten Buch. Danke, dass sie dieses Buch gekauft und gelesen haben.

Bleiben Sie gesund und munter und vor allem neugierig und verlieren sie nicht ihr Lachen und den Spaß am Leben.

Burghard Ehrenberg (Burgi)